̄con osteoporosis

POR LA SUPERACIÓN DEL SER HUMANO Y SUS INSTITUCIONES

Joan Gomez

Cómo
vivir con
osteoporosis

PANORAMA EDITORIAL

COMO VIVIR CON OSTEOPOROSIS
Título original en inglés:
LIVING WITH OSTEOPOROSIS

Derechos Reservados
Copyright © 2000, 2006 by Dr. Joan Gomez

Publicado por Sheldon Press 1 Marylebone Road
London NW1 4DU

Portada:
Fotografía: Photos.com

Traducido al español por:
Laura Garibay

Primera edición en español: 2006
© Panorama Editorial, S.A. de C.V.
   Manuel Ma. Contreras 45-B
   Col. San Rafael 06470 - México, D.F.

Tels.: 55-35-93-48 • 55-92-20-19
Fax: 55-35-92-02 • 55-35-12-17
e-mail: panorama@iserve.net.mx
http://www.panoramaed.com.mx

Printed in Mexico
Impreso en México
ISBN 968-38-1473-5

Índice

Introducción

Qué es la osteoporosis y por qué es importante para usted

Usted está en riesgo de sufrir osteoporosis... tal vez no inmediatamente, pero cuando llegue a los 40 o, si tiene mala suerte, varios años antes, y no es algo de lo que se pueda reír, puede significarle dolor de largo plazo, deformidad en los huesos rotos y porosos y una probabilidad del 20 por ciento de muerte prematura. Y no le sucede sólo a los demás, ya ha alcanzado proporciones epidémicas en Norteamérica y Europa occidental.

En el Reino Unido, se corre un riesgo de toda la vida de una a tres si es mujer, o de uno a 12 si es hombre. Las probabilidades se reducen a una de cada dos y uno de cada ocho, respectivamente, de los 60 años de edad en adelante. Para entonces, hay un 25 por ciento de probabilidad de sufrir una fractura en una o más vértebras (los huesos pequeños que conforman la columna vertebral), y un riesgo del 30 por ciento de fractura de cadera. Las cifras estadounidenses no son mejores, particularmente en lo que respecta a las mujeres blancas y otras caucásicas: las razas de piel más clara. Se ha calculado que más del 50 por ciento de ellas ya muestran evidencia de osteoporosis a los 45 años de edad, saltando a un 85 por ciento para las mayores de 70. Es la enfermedad crónica más común entre las mujeres estadounidenses.

Expresado de otra forma, el riesgo de sufrir una cadera rota debido a la osteoporosis es más que el de cáncer de mama, ovarios y útero juntos, con un 20 por ciento de probabilidad de morir en el plazo de un año. Los gastos de salud para problemas relacionados con la osteoporosis son astronómicos: 20 mil millones de dólares al año en la población estadounidense de 250 millones de personas, y de 940 libras para los 60 millones de ciudadanos del Reino Unido. Estas cifras van en aumento cada vez, con un incremento anual del 10 por ciento en el número de pacientes. Como todos estamos viviendo más años en la actualidad, existe un incremento constante en el número de personas mayores de 60 años, el grupo más vulnerable a la osteoporosis. Los osteólogos —expertos en huesos— calculan que habrá unas 6 millones 250 mil fracturas de cadera en todo el mundo en el año 2050. Actualmente, tan sólo en el Reino Unido, más de mil personas a la semana sufren una fractura de cadera debido a la osteoporosis.

¿Cuál es el desorden que puede causar tales estragos?

La palabra osteoporosis, del griego "hueso" y "poroso", nos dice que los huesos afectados presentan orificios en su estructura; aunque los huesos son del mismo tamaño que el normal en el exterior, excepto por las vértebras que están aplastadas, en realidad hay menos material óseo en su composición, y esto los vuelve frágiles y fáciles de romper, como el chocolate blando, en comparación con una barra sólida.

¿Por qué sucede esto y cuál es la relación con el envejecimiento?

Es una de las mejores disposiciones de la naturaleza que puede fallar. Hasta los 35 a 40 años de edad necesitamos tener músculos y huesos fuertes y en buenas condiciones, para poder llevar a cabo algún posible trabajo manual si somos varones, y llevar y cuidar a los hijos si somos mujeres. A partir de esas edades, las exigencias físicas de nuestro cuerpo disminuyen, y ya no tenemos que cuidar a un menor de dos años a los 50, ni vamos a jugar fútbol, por gusto o por necesidad. Y como ya no es necesario tener un esqueleto tan fuerte para desenvolvernos, los huesos comienzan a afinarse y hacerse más ligeros, mientras que los músculos, para ir de acuerdo con esto, pierden un poco de energía y fuerza. El problema es que el proceso puede excederse y los huesos pueden romperse con demasiada facilidad, lo cual es muy peligroso. Esto es la osteoporosis.

Si bien afecta principalmente a las personas mayores, no se engañe pensando que no es un peligro mientras se es joven, pues también existe una forma juvenil que afecta a los niños, en ocasiones sigue al parto en una mujer de 20 a 30 años de edad, y frecuentemente es resultado de tomar algún medicamento con esteroides a cualquier edad. Varias enfermedades crónicas, como la artritis reumatoide, la esclerosis múltiple y la anorexia, e incluso el someterse a dieta con cierta regularidad, pueden provocar osteoporosis tarde o temprano.

El riesgo es inevitable después de los 60, pero el panorama no es tan malo.

La osteoporosis puede prevenirse

Las medidas de precaución que debe usted tomar son muy sencillas y económicas, y la única advertencia es que comience a ponerlas en práctica lo más pronto posible. Idealmente, su madre le habrá colocado en el camino correcto los primeros 20 años, pero lo más probable es que cuando ya sea un adulto, comience a pensar en adoptar un estilo de vida más seguro... en relación con la osteoporosis.

Y lo más probable es que no sea sino hasta después de los 50, su primer medio siglo, cuando comience a considerar seriamente protegerse en contra de esta nociva condición. Todavía no es demasiado tarde, pero sí urgente, tomar acciones evasivas. Si usted estuviera a punto de chocar en su auto, ¿trataría de poner el freno justo un instante antes del impacto? El principio es exactamente el mismo: la prevención es la clave.

Tampoco hay necesidad de desesperarse si ya sufrió alguna fractura causada por la osteoporosis, recuerde a la Reina Madre y lo bien que logró recuperarse de su cadera fracturada ¡a los 98 años de edad! Hay muchas cosas que puede usted hacer, todavía, para combatir la osteoporosis, pero, cualquiera que sea su edad y condiciones, empiece ahora.

1

Sus huesos vivos

¿Usted imagina sus huesos como duros, secos como el polvo e inertes, e interesantes sólo para su perro? Nada puede estar más lejos de la verdad. Su huesos, en este momento, son órganos del cuerpo activos, vitales y que constantemente están cambiando y reformándose, además de tomar parte de manera íntima en su metabolismo: la manera como funciona su organismo desde el punto de vista químico.

La característica más notable del hueso es su rigidez, pues si fuera tan flexible como otros tejidos, seríamos una masa informe, como una bolsa de basura llena de goma, pero una bolsa de piel, no de plástico. Por otro lado, si sus huesos fueran totalmente sólidos, serían muy difíciles de manejar. El secreto de los huesos está en su estructura, que es muy distinta a la de cualquier otro tejido. Cada hueso está formado por la parte cortical (cortex) y la parte trabecular. *Cortex* es la palabra latina que se refiere a "corteza", y nos habla de una especie de caja dura y compacta del hueso. Da cuenta del 80 por ciento del material óseo total. La parte trabecular, del latín *trabeculum* o "viga" es una especie de andamiaje que sostiene a la parte cortical, y conforma el 20 por ciento restante del tejido óseo, aunque ocupa mayor espacio, en comparación.

La matriz o tejido de fondo consta principalmente del colágeno de la proteína y también contiene las células óseas u osteocitos, los cuales controlan el metabolismo del hueso vivo y cambiante, incluido su contenido mineral, que, en su mayoría, es fosfato de calcio, el cual proporciona al hueso su resistencia, aunque también incluye un poco de sodio, magnesio y fluoruro.

Los osteocitos

Comprenden dos tipos principales.

- *Osteoclastos:* Término griego para "quebradores de hueso". Están a cargo del trabajo de demolición, la destrucción y la eliminación del tejido óseo obsoleto.
- *Osteoblastos:* También de la palabra griega que se usa para referirse a los "gérmenes", significando orígenes, como en el germen de una idea. Inician el proceso de construir tejido nuevo, de reemplazo. Alteran su forma cuando alcanzan la fase depositar calcio en el hueso inmaduro y, de nuevo, finalmente, cuando entran en la fase de reposo.

Sus huesos, al igual que el resto del cuerpo, se encuentran en un estado constante de flujo, eliminando el tejido viejo y reemplazándolo con material nuevo y fresco. Los glóbulos rojos o eritrocitos se renuevan cada seis semanas, y siempre podemos ver cómo crece todo el tiempo tejido nuevo de la uña. Durante la infancia, la totalidad del esqueleto se reempleza, célula por célula, cada dos años; ya en la edad adulta, este mismo proceso tarda de siete a diez años. Esta renovación constante es la esencia de la vida y es la que permite la reparación de las lesiones, así como un cierto grado de recuperación del proceso de envejecimiento. En el caso de los huesos, este proceso, que incluye una especie de remodelado, es particularmente importante durante el periodo de crecimiento. Si los huesos sólo se hicieran más grandes, los niños nunca dejarían de crecer en estatura.

El ciclo del hueso

- La *activación* es el primer evento. Grupos de osteoclastos son atraídos a ciertos lugares en las superficies internas de los huesos, lo cual sucede a intervalos regulares de una manera muy común, pero estimulada por, digamos, una lesión o, paradójicamente, un descanso muy prolongado.
- La *reabsorción* es un proceso por el cual se descomponen las pequeñas y selectas zonas del hueso que forman diminutos orificios. La llevan a cabo los osteoclastos y les toma de cuatro a 12 días.
- La *reversión* consiste en rellenar los pequeños orificios dejados por los osteoclastos con cemento temporal. Las células responsables son llamadas células de reversión y su función les toma de siete a diez días.
- El *emparejamiento* tiene lugar cuando la reabsorción y la reversión se completan. Es desencadenada por las células de reversión cuando han terminado su función, enviando una señal de "llamado" a los osteoblastos, los cuales, a partir de este momento se hacen cargo.
- La *formación* es la reconstrucción principal del hueso o proceso de neoformación, que comienza con la producción de capas de matriz.
- La *mineralización*, la etapa final, es el depósito de calcio y de otros minerales en el hueso nuevo.

La eliminación y el reemplazo de tejidos viejos normalmente involucra el 10 por ciento del hueso en algún momento, y continúa de manera simultánea en sitios distintos, con cuatro veces más actividad en el hueso trabecular que en las

partes corticales. Esto se debe a que el área en donde trabaja es mucho más grande, con sus barras cruzadas y fila-
mentos. Si bien la reabsorción toma sólo unos días, los aspectos de reconstrucción y mineralización del ciclo tardan
meses. Esto significa que a menos que la renovación se dé
muy lentamente, la reabsorción toma la delantera a la reconstrucción, y el resultado neto es una pérdida de hueso.
Las señales clínicas de que la reabsorción está muy activa
es la presencia de hidroxiprolina en su agua, y de fosfatasa
alcalina en su sangre.

El equilibrio

Durante la infancia, en particular los primeros dos o tres
años, y de nuevo en la pubertad, tiene lugar el crecimiento
acelerado de la pubertad, con más construcción que fracturas. Esta tendencia disminuye poco a poco durante la edad
adulta y en el periodo que va de los 25 a los 35 años de
edad los dos procesos se encuentran en equilibrio: no ga-
namos ni perdemos hueso.

A los 35 años, un año más o menos, se marca un hito
en la vida dinámica de sus huesos, pues ahora la balanza se
inclina, decididamente, hacia el lado de la reabsorción. Todos perdemos tejido óseo, gradualmente y, con él, el contenido mineral o de calcio, siendo las partes más afectadas
las áreas trabeculares. El "andamiaje" se hace más ligero y
escaso —además de débil—, y en cada ciclo hay una mayor
pérdida... la osteoporosis se está presentando.

Lamentablemente, usted no se dará cuenta de que esto
está sucediendo; no por nada a este mal se le llama "el la-
drón silencioso de calcio". Hay pocas probabilidades de que
tenga algún síntoma reconocible sino hasta que ya haya tenido el desorden varios años, y los rayos X no van a mostrar la pérdida de hueso hasta que dicha pérdida alcance,
por lo menos, el 40 por ciento. Para entonces, sus huesos ya

están en peligro de romperse o desmoronarse y perder su forma sin ninguna causa aparente. Estos sucesos son, con frecuencia, la primera señal de que algo anda mal y por lo general ocurren cuando ya se tienen más de 60 años de edad.

Cada ciclo de actividad ósea deja un déficit que aumenta notablemente cuando hay un incremento en la tasa de renovación ósea, lo cual ocurre en varias situaciones, siendo la más importante la menopausia, los trastornos de la edad media en las hormonas femeninas. Otros cambios hormonales, ciertos medicamentos, la inactividad corporal —por ejemplo durante una enfermedad física y una convalecencia— y el propio envejecimiento, todos son procesos que aceleran el metabolismo óseo y llevan a la osteoporosis.

Las lesiones actúan de manera similar, incluida la *fatiga de tejidos*, la cual se debe a la sumatoria de los pequeños pero constantes estreses físicos de la vida. Es análoga a la fatiga del metal en ingeniería y afecta sólo a las estructuras rígidas, en este caso los huesos. Existe un obvio beneficio de corto plazo en la reabsorción y la renovación ósea para la reparación de una herida de cualquier tipo, pero el precio es un aumento en la pérdida ósea de largo plazo. Si usted se fractura un hueso en un accidente a los 40 años o más, por muy bien que sane, hay una pérdida general de tejido óseo.

Masa ósea pico

Se refiere a la suma total de tejido óseo cuando alcanza su punto máximo entre los 20 y 23 años de edad. Aunque sus huesos dejen de crecer en longitud de los 16 a los 18 años, lo siguen haciendo en densidad y resistencia durante varios años más. El calcio ya está depositado en los huesos de un bebé nonato durante los últimos tres meses del embarazo; al nacer, el infante tiene unos 25 mg de calcio en sus huesos y éste aumenta a unos 1000 mg en la madurez.

Los hombres tienen huesos más largos, así como una mayor grasa inicial de sustancia ósea que las mujeres, mientras que las personas de color, de ambos sexos, tienen considerablemente más que las blancas. La masa ósea es importante para el futuro, como el dinero en el banco. Si usted cuenta con una reserva que se puede medir para empezar, los retiros regulares que vienen después no conducirán a la bancarrota o, en el caso de los huesos, a la osteoporosis. Ésta es una buena razón para hacer que los jóvenes, desde el nacimiento hasta los 21 años de edad tengan una buena nutrición en la que se incluya una cantidad suficiente de calcio y vitamina D.

Otros factores que afectan la masa ósea pico son los antecedentes familiares. Si su madre u otros parientes han sido víctimas de la osteoporosis, entonces el riesgo que usted corre es mayor, y también es una mala noticia si no puede hacer ejercicio con regularidad debido a alguna discapacidad o enfermedad física... por fortuna, la poliomielitis ya no es un factor. Fumar, la ingesta excesiva de alcohol y el retraso de la pubertad (en ocasiones debido a un entrenamiento atlético o a una anorexia nerviosa), algunos desórdenes hormonales y la tensión premenstrual son otros factores que están en contra de la acumulación sustancial de la masa ósea pico. El viaje en el espacio hace lo mismo, pero no afecta a muchas personas, mientras que hay cierta incertidumbre relacionada con los efectos de la píldora anticonceptiva, tener un hijo y amamantar.

Qué necesitan los huesos para tener una vida activa

Los dos requisitos básicos son la alimentación y el ejercicio.

Alimentación

Una buena nutrición es lo más esencial. Los huesos necesitan la mezcla usual de proteínas, grasas y carbohidratos con dos ingredientes vitales: calcio y vitamina D.

El calcio da al hueso su fortaleza y rigidez particulares, pero los intestinos no pueden absorberlo sin la ayuda de la vitamina D. El calcio se encuentra principalmente en los productos lácteos: leche, queso y yogurt. Sorprendentemente, la leche descremada y los alimentos hechos con ella proporcionan más calcio que la crema entera. Otras fuentes son las sardinas, las verduras de raíz y los granos. Los vegetales verdes contienen calcio, pero no son fáciles de digerir. Algo con lo que se debe tener cuidado en cuanto al calcio es el efecto nocivo de algunos alimentos que tienen la reputación de ser sanos, como los granos enteros, como el trigo integral, el arroz integral y, el peor de todos, la avena. Todos contienen *ácido fítico*, que previene la absorción de calcio. Si usted come pan blanco va a absorber el 46 por ciento del calcio que contiene, con la avena se trata sólo del 11 por ciento. Los trastornos renales y la afección celiaca también reducen la absorción del calcio.

Existe una gran controversia respecto a la cantidad de calcio que el organismo requiere; para empezar, varía con el sexo, la edad y la situación. Los niños, los adolescentes, las mujeres embarazadas y que están amamantando a sus hijos, todas las damas a las que ya se les presentó la menopausia y los mayores de 60 años, necesitan una cantidad extra. El sexo femenino en general necesita más que el masculino hasta que ambos tienen más de 70 años. El calcio no se absorbe tan bien a medida que vamos envejeciendo, pero es entonces cuando el cuerpo hace un uso particular de él: tiene el efecto útil de hacer más lenta la reabsorción y salvar un poco de hueso.

La dieta será la que suministre todo el calcio que se necesite, pero ya existen suplementos al alcance de todos en la forma de tableta. El calcio extra es benéfico para casi todas las personas mayores, y obligatorio para todo aquel que recientemente haya sufrido una fractura debido a la osteoporosis. Nunca es demasiado tarde para empezar a ingerir calcio, y abordamos con más detalle el tema de las cantidades adecuadas en el Capítulo 8.

En relación con el calcio, la vitamina D (colecalciferol) es como la llave de encendido de un automóvil, y el calcio es inútil sin ella. La deficiencia de calcio a menudo es secundaria a la falta de vitamina D.

Esta vitamina también es llamada "brillo de sol" porque los humanos podemos fabricarla en nuestra piel cuando nos exponemos a los rayos ultravioleta. Por lo general basta salir al exterior unos dos o tres veses a la semana, y no necesitamos ingerir esta vitamina de la dieta. La grasa de pescado, en particular los aceites de hígado de pescado son las mejores fuentes de esta vitamina si necesitamos complementar la que elaboramos. Aquellas personas que pueden requerir suplementos son los ancianos, los individuos que viven en climas templados, en especial si viven en instituciones y pocas veces salen. Un nivel bajo de vitamina D reduce la absorción de calcio del 60 al 80 por ciento de lo que está disponible a un mero 15 por ciento.

Ejercicio

El ejercicio de levantar pesas es el segundo requisito para tener un esqueleto sano, y es la razón principal para hacer que una persona se ponga de pie un día después de una operación de cadera, o para que caminen con un yeso si se rompieron una pierna. Si no hay estrés en los huesos, reaccionan con la reabsorción y el ciclo da como resultado una pérdida de tejido óseo con riesgo de adquirir osteoporosis.

El ejercicio diario es ideal, pero una caminata enérgica de 40 minutos tres o cuatro veces a la semana es el mínimo para la salud. Trotar, saltar y los deportes de impacto cuando se es joven son un seguro maravilloso para evitar que los huesos se corrompan. Consulte el capítulo 13 sobre los estilos de vida.

¿Qué pasa si sus huesos se acortan?

Existen tres posibilidades:

1. *Osteopenia:* todos los huesos se hacen, por lo general, más traslúcidos en los rayos X porque hay menos material sólido, incluido el calcio, en ellos. La mala nutrición y la falta de calcio puede provocar esta condición, la cual a menudo es precursora de la osteoporosis.
2. *El raquitismo y su forma adulta, osteomalacia:* se refiere a un reblandecimiento de los huesos debido a la falta de calcio, a su vez debida a falta de vitamina D. El resultado en los niños es una deformidad ósea y, en los adultos, el principal síntoma es el dolor de huesos.
3. *Osteoporosis:* es cuestión no de un hueso anormal, sino de una escasez de tejido óseo normal, debida a la pérdida ósea que rebasa la formación de huesos. La mala nutrición y la falta de calcio y de vitamina D pueden contribuir a un deterioro en la fabricación de tejido óseo. Los huesos que resultan son frágiles y quebradizos.

Recuerde siempre que sus huesos están vivos… trátelos como se merece cualquier ser vivo.

2

Cómo se manifiesta la osteoporosis

La osteoporosis extrae la fuerza mineral de los huesos sin que nos demos cuenta, y deja grandes agujeros en la estructura en forma de laberinto de las partes trabeculares internas. Es como cambiar una tela de tejido muy cerrado por encaje... en tres dimensiones. Los huesos, entonces, se vuelven débiles y quebradizos y propensos a romperse con el más mínimo impacto, cuando uno ni siquiera está consciente.

Todos los síntomas de osteoporosis provienen de roturas, que son de dos tipos: por un lado están las de tipo colapso, desmoronamiento o choque a las vértebras, los pequeños huesos que forman la columna, y el otro es en realidad lo que entendemos por fracturas, una grieta o rotura franca tal como la que puede ocurrir a una pieza de cerámica china. Ésta es la clase que afecta los huesos que nos parte la columna vertebral, como los de los miembros, incluida, principalmente, la cadera.

Si tiene usted una vasija proveniente de la dinastía Ming, hermosa pero frágil, permanecerá intacta a menos que sea sujeta a algún golpe: una caída, una presión, o un pequeño pero continuo estrés. Lo mismo sucede con los delicados huesos osteoporótico. La lesión que ocasiona puede ser tan ligera que la rotura parece espontánea, y esto se aplica particularmente a las vértebras, aunque también puede ocurrir con una fractura de cadera. La mayoría de las personas que sufren una rotura de cadera se han caído o resbalado de la posición vertical, o a veces de estar sentados, pero se han dado casos ocasionales en el que tal parece que el hueso se rompió primero, quizás debido a una fatiga de tejido (vea la p. 15), y esto a su vez provoca la caída.

El caso de Astrid

Astrid tenía 75 años de edad, no muy grande, en estos días, y estaba orgullosa de su buena salud; sin embargo, había sido criada en Noruega, un lugar donde los rayos del sol no llegan lo suficientemente fuerte para permitir a la piel fabricar vitamina D. Además, era sensible a la lactosa (el azúcar en la leche), por lo que siempre había evitado los productos lácteos, la fuente principal de calcio para el ser humano. El problema comenzó, hasta donde ella sabe, cuando tuvo una fuerte gripe, la cual la tuvo en cama tres semanas. Fue entonces cuando tomó conciencia de que podía lesionarse la cadera. Había perdido peso y fuerza muscular debido a la enfermedad, por lo que la articulación tenía menos apoyo de lo normal y, sin ella saberlo, los huesos ya habían sido considerablemente debilitados por la osteoporosis durante varios años.

Todo lo que hizo fue pararse de la cama de una manera un poco brusca, para, de pronto, encontrarse en el suelo, con muchísimo dolor y sin poder pararse. La radiografía, tomada en un hospital local, mostró una rotura en el cuello del fémur, la pieza en ángulo del extremo superior del hueso del muslo, cerca de la articulación de la cadera. Las piezas del hueso no quedaron fuera de su lugar, por lo que se decidió corregir la cadera de Astrid con clavos de acero. Su GP habría preferido hacerle un reemplazo de cadera directamente porque es menos propenso a sufrir complicaciones postoperatorias que la inserción de clavos, pero el uso de éstos es un procedimiento menor y el cirujano quiso evitar que la mujer pasara más tiempo inmovilizada del necesario. Astrid tuvo una buena recuperación y ya estaba caminando —y conduciendo— en dos meses.

Es muy importante que Astrid tome todas las medidas preventivas y curativas posibles contra la osteoporosis pues, ahora corre un riesgo especial de fracturarse del otro lado, por lo que usa "protector de cadera": pantalones acolchados.

Cuando la sustancia de los huesos se reduce y debilita debido a la osteoporosis, aunque los huesos mantienen su tamaño y forma, corren un alto riesgo de quebrarse con la más leve lesión. La medida que se usa para valorar esta debilidad recibe el nombre de densidad mineral ósea (BMD, por sus siglas en inglés) (vea la p. 85). Una BMD baja significa huesos frágiles y los más afectados son las piernas, las caderas, la pelvis, la espina dorsal, el cuello, las costillas, las manos y los pies. El codo, la cara y los dedos son menos susceptibles y por lo general son ajenos a los efectos de la osteoporosis, pero eso deja a la mayoría de los huesos en la línea de fuego. Las vértebras, la cadera y la muñeca son los que resultan más comúnmente afectados.

La edad en sí es un factor definitivo en la posibilidad de sufrir fracturas en las vértebras, la cadera, el brazo y la pelvis en particular, si bien independientemente de la edad y de una BMD baja, una fractura previa aumenta la probabilidad de que ocurra otra.

Aunque la mayoría de las roturas de cadera, muñeca y vértebras se debe a la osteoporosis, hay otras causas posibles.

- Un trauma severo, como el que podría sufrirse en un accidente de tránsito, puede quebrar hasta al hueso más fuerte.
- Los niños y los adolescentes tienen huesos más débiles que los adultos porque están creciendo rápido. Un pequeño de dos años de edad se puede romper fácilmente un brazo si se cae de la cama.
- Los trastornos del metabolismo óseo lo vuelven vulnerable: por ejemplo, un exceso en la hormona paratifoidea, enfermedades relacionadas con deficiencia de vitamina D —como la osteomalacia y el raquitismo, así como la osteogénesis imperfecta, un trastorno del desarrollo.

Fractura de vértebras

Éste es el tipo de fractura más común, aunque también el más engañoso. Puede usted pasar varios años con un hueso de la espalda que se está desmoronando y no darse cuenta. El dolor de espalda es tan común, que lo más seguro es que ignore las molestias y las punzadas leves. Si bien la osteoporosis, por lo general, ya habrá causado algún daño interno en sus huesos cuando cumpla usted los 45 años de edad si es mujer, a los 60, la cantidad de pérdida ósea alcanza un promedio del 20 por ciento, y hay una probabilidad de cada cuatro —25 por ciento— que tenga una o más vértebras dañadas. A los 65, esto aumenta al 40 por ciento y, a los 75, el 50 por ciento de las placas de rayos X revelan fracturas de compresión en algunas de nuestras vértebras. A esta edad, ambos sexos son vulnerables.

La señal más obvia de una fractura vertebral es la pérdida de estatura. Un día descubre que ya no alcanza el estante o el pestillo de la ventana que antes no era problema. Debe haber oído hablar de las "pequeñas ancianitas", pero ¿quién ha oído a alguien hablar de una "anciana grande"? Los discos de cartílago que están entre las vértebras se hacen más delgados a medida que vamos envejeciendo y son ellos los que dan cuenta de parte del aparente encogimiento, pero la pérdida principal se debe a un colapso lento de los huesos en sí, debido a la osteoporosis.

Los huesos de las vértebras tienen una forma cúbica al principio, pero a medida que se van haciendo más frágiles con andamiaje trabecular más escaso, el peso del cuerpo y actividades tales como agacharse o levantar algo, comprimen los huesos debilitados y hacen que pierdan su forma.

Tipos de fracturas vertebrales

1. Fractura aplastante: todo el hueso se comprime y pierde altura.
2. Tipo placa terminal: la caja superior del hueso cede a la presión, y eso provoca un hundimiento.
3. Fractura anterior: el frente del hueso se colapsa. Los movimientos normales de inclinación para recoger algo, o tratar de atar las agujetas de los zapatos, bastan para provocar esto.

Las fracturas de vértebras surgen de dos formas. En una fractura *incidental* el hueso cede repentinamente, quizás después de un movimiento tan trivial como toser, agacharse, levantar algo, sentarse o pararse de una silla baja. Una fractura de *prevalencia*, en contraste, se desarrolla gradualmente sin ningún punto de partida definido, pero puede ser ocasionada por las mismas causas de la osteoporosis, el deterioro generalizado relacionado con la edad o, con menos frecuencia, por un cáncer secundario.

El caso de Kirsty

A la sobrina de Kirsty le gustaba conducir a alta velocidad. Cuando invitó a su tía a un concierto tuvo que frenar bruscamente y salirse del camino para evitar una colisión, y la mujer fue lanzada hacia delante contra el tirón del cinturón de seguridad. Soltó un grito. Kirsty tenía 64 años de edad y siempre había sido "pequeña", al no haber rebasada el 1.50 m de altura. Nunca antes había tenido problemas con su espalda, pero ahora sufría un repentino dolor agudo en la región torácica, es decir, la parte de donde salen las costillas. El dolor se extendía hacia el frente, el lado izquierdo y le impedía agacharse o moverse.

Su sobrina Kirsty condujo a casa a muy baja velocidad y llamó al doctor. Kirsty tenía dolor, estuviera sentada o parada y el único alivio que conseguía era estando acostada, aunque incluso entonces sufría un desagradable dolor en el abdomen que el médico llamó *ileus*. El estómago estaba hinchado y no soportaba ni la idea de comer. El médico dijo que le parecía que tenía una hemorragia interna de la espalda que le había irritado el abdomen. Los rayos X mostraron varias vértebras comprimidas y una en particular. El tratamiento inmediato consistía en medicamentos contra el dolor del grupo anti-inflamatorios no esteroides (NSAIDs, por sus siglas en inglés), que comúnmente se usaban para tratar la artritis y el dolor de huesos.

El dolor de Kirsty fue disminuyendo poco a poco durante las siguientes ocho semanas, pero, mientras tanto, los movimientos de la espalada estaban limitados. Le costaba trabajo ponerse los zapatos, por lo que tenía que usar pantuflas, y ni pensar en cortarse las uñas de los pies. Las tijeras de mango largo eran difíciles de manejar. Los complementos de calcio y vitamina D, junto con cambios en la dieta y, a medida que mejoraba, su estilo de vida, le permitieron recuperarse casi completamente. No volvió a descuidar sus huesos en el futuro.

Los efectos agudos de las vértebras fracturadas (algunos pueden ocurrir)

- Dolor en el área del hueso afectado: localizado, radiado hacia el frente de un lado, o un dolor circular.
- Sensibilidad a la presión: esto no se siente sobre el hueso en sí, sino en el músculo que entra en espasmo para proteger la parte lastimada.
- Inflamación localizada.
- Importante limitación de movimientos, en especial los que tienen que ver con agacharse y levantar cosas.
- Cólico abdominal.
- Pérdida del apetito, vómito y fiebre.

Efectos de largo plazo

- Más fracturas: en más del 85 por ciento de los casos que ya han sufrido una fractura de vértebras.
- Pérdida de la altura de más de 10 cm durante los 10 años siguientes.
- Dolor en raíces nerviosas, desde un nervio pellizcado por el cambio en el hueso. Por fortuna, esto es poco persistente.
- Adormecimiento o parálisis de un nervio pellizcado. Esto es poco común y tampoco dura mucho.
- Cifosis: es el término médico que se usa para referirse a un aumento en la curvatura cóncava hacia delante

de la espina en el área del pecho, causado por fracturas de acuñamiento anteriores. En la parte superior ésta es la causa de la "joroba de la viuda", la curvatura de espalda hacia delante que generalmente se ve en las mujeres mayores.

La cifosis, junto con una médula espinal acortada, pueden tener varios efectos secundarios.

- El mentón puede quedar casi apoyado en el pecho porque los músculos se cansan con el esfuerzo de levantar la cabeza.
- El pecho, incluidos los pulmones, está limitado, lo que significa que puede faltarle el aire más fácilmente que antes.
- Debido a la pérdida de altura en la espina dorsal, la caja torácica se desplaza hacia delante y puede quedar, incómodamente, contra los huesos de la cadera y el borde de la pelvis.
- Una propensión a desarrollar hernia hiatal, con eructos y molestias en el área del pecho después de las comidas y al acostarse.
- Incapacidad para acostarse de espaldas debido a la curva de la misma, aunque, por fortuna, casi todos preferimos dormir de lado en una especie de posición fetal.
- Hay menos espacio para el abdomen, así que se empuja hacia delante, aunque la persona no es más gorda ni más pesada que antes.
- Estreñimiento secundario a esta situación abdominal alterada.
- Pararse y permanecer erguido es difícil y cansado.
- Puede surgir un miedo cercano al pánico de caerse por tener un cuerpo con forma y equilibrio distintos.

La *depresión* con ansiedad es muy común, y comprensible, si adquiere una forma corporal poco agradable, la espalda le duele y se siente muy inseguro cuando sale a la calle. La elección apropiada de ropa y un bastón, pueden devolverle la confianza al caminar, junto con un tratamiento para el mal humor. Vale la pena pedirlo, pues el doctor puede temer ofenderle si se lo sugiere. En el corto plazo, conviene saber que recostarse puede proporcionar un alivio pronto, aunque temporal, cuando le duele la espalda o los músculos están cansados.

Por lo menos ninguna de estas molestias es peligrosa.

El caso de Evelyn

Evelyn tuvo la mala suerte de verse involucrada en un serio accidente de tránsito a los 40-41 años de edad. No era ella quien conducía, pero iba en el vulnerable asiento del copiloto. Sufrió una fractura mayor del fémur, el hueso del muslo, que tardó meses en sanar y que le robó una buena cantidad de masa ósea. Si bien es capaz de caminar, Evelyn no era capaz de hacer todo el ejercicio que antes hacía, como jugar tennis, squash y golf. Tomó la natación con entusiasmo, divertida por sí misma, pero que no le hizo mucho bien a sus huesos.

Estaba en la zona de riesgo de la osteoporosis, en particular porque ella era una persona naturalmente delgada, sin carne extra en su juventud y, de alguna forma, delgada a los 50. Por fortuna el nuevo GP que la comenzó a atender en esta etapa era tanto conocedor como consciente y, luego de escuchar el historial médico de esta mujer, le creó un tratamiento completo y anti-osteoporosis, que, si bien iba en contra de las inclinaciones de Evelyn, lo siguió. A los 60, tiene una densidad mineral ósea respetable y en los rayos X no muestra signos de fracturas o vértebras comprimidas.

Fracturas de cadera

En potencia, éstas son las fracturas más peligrosas y discapacitantes causadas por la osteoporosis, y las más comunes también. Si usted es una mujer caucásica de 50 años de edad, tiene 18 por ciento de probabilidades de sufrir una fractura de cadera en algún momento de lo que le resta de vida. Y sólo el 6 por ciento si se trata de un varón. (Las cifras equivalentes de fracturas de vértebras son del 16 y el 5 por ciento). Cuatro de cada cinco fracturas de cadera afectan a las mujeres, y las caídas son un importante factor de riesgo en los que a las mujeres les va mal. Hay un número cada vez más creciente de caídas a partir de los 45 años de edad, y los 60 son críticos. Entre los 60 y los 64, el número de caídas pasa de una de cada cinco a una de cada tres.

Por fortuna, sólo del 5 al 6 por ciento dan por resultado roturas de cadera, y esto depende en gran medida de cómo se caiga la persona: si el impacto recae directamente en su cadera, y en particular si se trata de una persona delgada, hay muy poco que hacer para proteger el hueso.

Si bien las mujeres corren un riesgo mayor de sufrir fracturas a partir de los 45 años de edad y se estancan a los 60, en los hombres el aumento relacionado con la edad se demora hasta los 65, pero después de eso hay muy poca diferencia entre ambos sexos. Los 75 años es la edad promedio para una fractura de cadera en cualquier sexo en Inglaterra, pero varía de un país a otro. En cuestiones de vulnerabilidad, las mujeres blancas se encuentran a la cabeza, seguidas de las asiáticas, los hombres asiáticos y, con los esqueletos más fuertes de todos, los hombres de color. Los escandinavos poseen una alta prevalencia de fractura de cadera, probablemente debido a que, por localización geográfica, reciben poco sol. Una extraña anomalía, entre los Bantus de Sudáfrica y los Maoris de Nueva Zelanda, a diferencia de otras razas, los hombres y las mujeres son igualmente susceptibles a la osteoporosis y la edad marca poca diferencia.

Aunque puede suceder sin ningún detonante aparente, una fractura de cadera por lo general es el resultado de una caída, no de gran altura, sino de la misma posición erguida a nivel del suelo. Si bien casi todas las personas son tomadas por sorpresa por el accidente, en pocas ha habido algún dolor al poner algún peso de ese lado días o incluso semanas antes.

Síntomas inmediatos

- Dolor en la cadera: puede ser severo o leve, dependiendo del grado de trauma y la pérdida de sangre.
- Incapacidad para ponerse de pie: el problema es obvio de estos dos primeros síntomas.
- La pierna se vuelve hacia fuera.

Una placa de rayos X confirma el diagnóstico, pero a veces, cuando los huesos no se han desplazado, la fractura puede no aparecer en una sola placa, por lo que serán necesarias otras más.

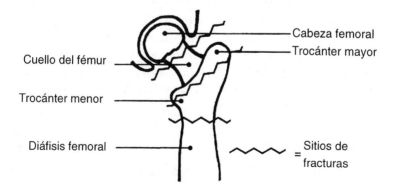

Existen dos tipos principales de fractura de hueso: *trocan-térica y cervical*, según su posición (vea el dibujo). Las fracturas trocantéricas también se llaman *extracapusculares* porque están justo fuera de la articulación real y su cubierta, mientras que las del tipo cervical son intracapusculares, es decir, están dentro de la cápsula de la articulación. En cualquier tipo, si los huesos reciben un impacto —un tipo de fractura de compresión—, la víctima puede cojear y el diagnóstico al principio no es claro. La parte quirúrgica del tratamiento depende del sitio de la rotura y de si el hueso se ha desplazado de su lugar (vea la p. 144, 145).

Las fracturas trocantéricas tienden a ocurrir en personas unos cinco años mayores que las de la variedad cervical, y el hueso está más dañado por la osteoporosis. El frágil hueso trabecular, que fácilmente se desmorona resulta principalmente afectado en estos casos, mientras que en el tipo cervical el hueso externo duro también está involucrado.

Una fractura de hueso puede resultar no ser más molesta que un reemplazo estándar de cadera por artritis, y esta operación frecuentemente se lleva a cabo después de una fractura. El tratamiento comienza, necesariamente, con una estancia en el hospital para cirugía y un medicamento para aliviar el dolor, al principio con analgésicos fuertes como la morfina (vea la p. 150 para conocer más detalles). Dentro de las 24 horas posteriores a la cirugía, un fisioterapeuta de apariencia saludable le animará a ponerse de pie y, para su sorpresa, usted descubrirá que puede hacerlo. A partir de entonces, todo es cuestión de ejercicio, fisioterapia y consumo de medicamentos y, si todo sale bien, usted podrá volver a casa en 15 días.

Circunstancias favorables

- Edad joven relativa: menos de 75 años.

- Fractura trocantérica: la probabilidad de vida de una segunda fractura es del 8 por ciento con este tipo, comparada con el 12 por ciento después de una fractura cervical.
- Buena salud mental y nerviosa.
- Capacidad de vivir de manera independiente, física y psicológicamente, antes de la fractura.

Resultados de largo plazo

La paciencia y la perseverancia deben ser sus palabras clave. Hay una probabilidad 50/50 de volver a sus actividades acostumbradas en un plazo de seis meses, pero si no es así, persevere otros seis meses. Fácilmente puede tomarle un año. El dolor continuo es el síntoma no deseado más común, en particular cuando está usted de pie, caminando o haciendo alguna de las siguientes actividades. La falta de energía o, más bien, cansarse con facilidad, es la segunda molestia principal.

Las tareas que pueden resultar difíciles son:

- subir escaleras;
- subirse y bajarse de autobuses y trenes, subir y bajar del auto;
- quehacer de la casa, en especial aspirar;
- cargar o levantar cosas, agacharse;
- ir de compras.

Si no se encontraba al 100 por ciento antes de la fractura, el progreso puede ser muy lento, pero no está usted solo en esto:

- una de cada cinco personas necesitan atención médica en casa hasta unos 12 meses;

- una de cada cinco no pueden trabajar en un año, pero se las arreglan después;
- el 50 por ciento ya no puede volver a caminar como lo hacía antes.

También existe un 20 por ciento de riesgo de muerte en el primer año, pero no directamente debido a la fractura, y el peligro va disminuyendo a partir del segundo año. Otras enfermedades que puedan estar presentes tienen la posibilidad de empeorar, no de aliviarse, y en una tercera parte de los casos hay complicaciones de la cirugía. Entre éstas se incluye una recuperación lenta y que los huesos no solidifiquen, que ocurra una degeneración en la cabeza del fémur (vea el dibujo), o que los clavos y tornillos insertados se zafen.

Por extraño que parezca, el reemplazo total de cadera ocasiona menos problemas que las operaciones parciales a menudo practicadas en las personas mayores, y esto probablemente se debe a que los pacientes son particularmente débiles en primer lugar. Es bastante cansado tener que pasar por más tratamientos, pero no existe ninguna situación que no pueda aliviarse y ninguna en la que deba dejar de intentar. Siempre hay algún beneficio.

El caso de Andrew

Andrew tenía 79 años de edad. Había padecido tuberculosis (TB) de joven y, luego de varios periodos en el hospital y la pérdida de su pulmón derecho, fue dado de alta del bacilo que provoca esta enfermedad. Sin embargo, quedó sin los recursos físicos para hacer deportes, y su esposa aprendió de su suegra a mimarlo más de lo necesario. Él era "cabeza de familia", había trabajado como oficinista y más tarde se dedicó a arreglar computadoras. Por todo esto, el único ejercicio externo que hacía era el viaje rápido, y lleno de culpa, a la tabaquería. Por supuesto, el nunca debió fumar, pero en la época en que adquirió la adicción, no había tanta información sobre los riesgos que implica el tabaco.

Andrew se había retirado hacía algunos años y se había estado sintiendo mejor que nunca cuando se tropezó con el tren de juguete de su nieto en el último peldaño de la escalera. Logró sujetarse del barandal, pero perdió el equilibrio y cayó pesadamente sobre el lado derecho de la cadera, el lado malo. No es que lo supiera, pero sus huesos ya estaban quebradizos debido a la osteoporosis y a una fuerte pérdida de hueso durante los periodos de enfermedad e inmovilización en los primeros años de su edad adulta, el efecto tóxico del tabaco en la formación ósea, su relativa falta de ejercicio y de exposición al sol y su edad: más de 75 años.

Se trataba de una fractura trocántrica con una severa desorganización del hueso poroso, por lo que el cirujano decidió hacer un reemplazo de cadera. Era enero, época de frío y en la que hay más caderas fracturadas, y lamentablemente Andrew desarrolló una infección postoperatoria en el pecho, los cual significó que su programa de rehabilitación fuera más lento y complicado. No pudo caminar sin bastón durante un año completo, pero su determinación y valor, junto con el apoyo de su esposa, finalmente rindieron frutos. Ahora camina 20 minutos diarios, consume calcio y una de las medicinas bisphosphonatas, y le sigue gustando navegar... en la Red.

La fractura de Colle

Abraham Colles fue un cirujano del siglo 18 en Dublín. Fue el primero en describir un tipo particular de fractura de muñeca causada por caídas hacia delante sobre la mano estirada. Es particularmente común después de la menopausia y es una de las tres fracturas debidas a la osteoporosis que afectan al 40 por ciento de las mujeres en algún momento. Las otras dos son las de cadera y las de vértebras. El 15 por ciento de las mujeres tiene una fractura de muñeca alguna vez en su vida, con más del 20 por ciento de ellas sufriendo una o dos a los 70 años de edad. Una razón por la que las mujeres resultan afectadas con más frecuencia es su mayor propensión a las caídas, en comparación con los hombres.

El examen clínico que el médico hace de la muñeca lesionada por lo general da el diagnóstico, y los rayos X los confirman.

Síntomas

- Dolor agudo: la fractura de muñeca puede doler más que la de cadera.
- Sensibilidad.
- Inflamación.
- Limitación de movimientos.
- La muñeca adquiere una forma extraña.

Los huesos se desplazan de su lugar y requieren *reducción* con anestesia para corregir su alineamiento. Esta maniobra, un tanto complicada, tal vez deba repetirse más de una vez para lograr la posición correcta. La muñeca y el antebrazo se inmovilizan con yeso unas cuatro a seis semanas, y los huesos por lo general sueldan bien, aunque en una tercera parte de los casos, las molestias, que pueden durar varios meses, son sensibilidad, inflamación, rigidez y debilidad en la mano, más que en la muñeca. En ocasiones se desarrolla dolencias en el hombro.

Fractura de hombro

La fractura de la parte superior del húmero, el hueso del brazo, por lo general es causada por el mismo tipo de caída que la fractura de Colle: hacia delante con la mano extendida. Las víctimas por lo general son personas mayores, es decir, de más de 75 años de edad, pero lo más común es que se recuperen bien con las tres a cuatro semanas de inmovilización, seguidas de una fisioterapia para los músculos y la articulación.

Un tratamiento alternativo es una *hemiatroplastía:* reemplazo de la cabeza redonda del hueso, parecida al reemplazo de cadera. Esto proporciona una articulación en funcionamiento a la vez y es más satisfactorio que tratar de fijar la articulación con tornillos. Como en todos los casos de fractura debida a la osteoporosis, el medicamento, la dieta adecuada y un régimen de ejercicio debe continuar indefinidamente.

El caso de Rita

Rita tenía 47 años. Tanto su madre como su abuela habían sufrido osteoporosis, pero a una edad avanzada; sin embargo, Rita pensó que sus problemas no eran importantes, al ser tan joven. Todavía recordaba a su abuela como una mujer de figura pequeña, encogida, inclinada hacia delante y que caminaba muy despacio con un bastón. Murió de neumonía a los 85 años, una buena edad para aquella época. La mamá de Rita se había roto la muñeca en una caída a los 70 años, pero Rita creía que había sido un accidente que podía ocurrirle a cualquiera. Su propio problema de salud, pensaba ella, era la diabetes, del tipo que requiere inyecciones de insulina.

La fractura de Rita ocurrió en las circunstancias más inesperadas: en una pista de baile resbalosa. Ella y su compañero de alguna manera tropezaron entre sí y perdieron el equilibrio, muertos de risa, pero Rita ya no se pudo poner de pie y se dio cuenta que tenía un dolor muy fuerte en el tobillo. Seis semanas después, el uso de yeso, calcio y un medicamento bifosfonato para reducir la tasa de eliminación ósea, permitieron al hueso sanar.

Con la placa de rayos X se pudo constatar que Rita tenía osteoporosis. Estaba en sus genes y había empeorado con la diabetes. Al estar cerca de los 50 años de edad, sus niveles de estrógenos habían caído considerablemente, un factor crucial en el desarrollo de huesos quebradizos. Rita se sintió consolada al leer que se encontraba en la misma situación que la novia del Príncipe Carlos, Camila Parker Bowels, con una madre y una abuela que sufrían una osteoporosis severa. Si ella, Rita, seguía los cuidados que el médico le recomendaba, podía dejar atrás esta fractura y esperar tener una vida activa, sana e interesante.

3

Tipos de osteoporosis

La esencia de la osteoporosis incluye huesos débiles y quebradizos, factibles de romperse con el más mínimo trauma, existen varios caminos para llegar a este resultado, con dos que son particularmente importantes. Uno está directamente relacionado con los cambios hormonales de la menopausia, y el otro tiene que ver con la edad. Es importante que usted sepa cuál de los dos tiene, ya que existen métodos distintos para tratar cada uno.

Tipo 1: Osteoporosis menopáusica

Características

- Rango de edad: 51 a 70
- Tasa de sexo, femenino a masculina: 6:1 (los cambios hormonales también afectan a los hombres, pero en un menor grado y posteriormente).
- Pérdida de hueso: rápida y severa.
- Densidad mineral ósea (BMD, por sus siglas en inglés): muy reducida.
- Tipo de hueso afectado: principalmente trabecular.

- Sitios más comunes: vértebras (médula espinal), muñeca y, en menor grado, tobillo.
- Tipo de fractura en vértebras: choque y colapso, con una pérdida de más del 25 por ciento en la altura de cada hueso afectado.
- Mandíbula afectada: puede provocar la pérdida de piezas dentales.
- Hormona paratifoidea (controla el nivel de calcio): reducida, produciendo un menor estímulo a la reposición ósea.
- Causa de la osteoporosis Tipo 1: deficiencia de las hormonas sexuales, en particular los estrógenos, desencadenada por la menopausia.
- Primera señal más probable: dolor agudo en la espalda porque las vértebras ceden, tardando hasta seis meses en amainar.

Secuencia de sucesos

Masa ósea

La cantidad de material óseo sólido en su organismo alcanza su punto máximo alrededor de los 30 años de edad, y a partir de los 35 comienza a declinar. La resorción comienza a afectar la formación de hueso nuevo y, con una tasa normal de renovación ósea de 35 a alrededor de los 45, se da una pérdida general de 0.3 por ciento cada año.

La menopausia

Entre los 45 y los 55 años de edad, los ovarios de las mujeres dejan de funcionar y de producir las hormonas sexuales (las glándulas adrenales se hacen cargo pero a un ritmo muy reducido). Estas hormonas incluyen la estrona, androestenona, testosterona, progesterona y estrógenos. La caída en los niveles de estrógenos estimula el desarrollo óseo, y el déficit entre la pérdida y la reconstrucción de hueso con cada ciclo conduce a una caída anual de 2 a 3 por ciento. Esta tasa acelerada de pérdida de hueso continúa durante cuatro a ocho años después de que los periodos menstruales se han interrumpido, y luego se reestablece a la tasa anterior y más suave. Provisionalmente hay un flujo de calcio hacia el sistema proveniente de la resorción ósea, y esto puede detectarse en la orina y los análisis de sangre.

Todo esto es normal, porque todas las mujeres sufren este cambio, pero no se suma a la osteoporosis.

Predisposición genética

Éste, y quizás otros factores que aún no se han identificado, conduce al desarrollo de la osteoporosis Tipo 1 en 10 a 20 por ciento de las mujeres como reacción a la menopausia. La fase de pérdida rápida de hueso es muy probable que continúe unos 15 a 20 años en este grupo y es más severa. Esto se debe a un número mucho mayor de osteoclastos, las células destinadas a disponer del hueso viejo, mientras que los osteoblastos, que están a cargo de la construcción ósea, parecen funcionar con mucha dificultad.

Vitamina D

El menor incremento de la hormona paratifoidea inhibe la fabricación de esta vitamina en la piel. Si hay poco suministro, el intestino no puede absorber apropiadamente el calcio de los alimentos y el resultado es una disminución de la BMD y un aumento en el riesgo de sufrir osteoporosis.

El revestimiento de plata

Esta letanía de las cosas que pueden andar en la osteoporosis Tipo 1 puede ser desalentadora, pero la buena noticia es que se cuenta con una buena ayuda. Como la causa principal del desorden es falta de estrógenos, la medicina ideal es la terapia de reemplazo hormonal (HRT, por sus siglas en inglés), que puede beneficiarle de muchas otras formas. El riesgo de fracturas se reduce del 5 al 1 por ciento con las dosis adecuadas de estrógenos, en el largo plazo. Vea la pág. 95 del Capítulo 7.

El caso de Ángela

Ángela era una saludable mujer de campo consumía una abundante cantidad de productos lácteos en su dieta y que trabajaba al aire libre. Criaba abejas como pasatiempo y eso le proporcionaba un ingreso extra. Sus periodos cesaron a los 46 años de edad, un poco más temprano que el promedio, y estaba feliz de haberse desecho de esa molestia. Su cumpleaños número 48 cayó en un día soleado de agosto cuando planeaba recolectar un poco de miel de su panal. Usaba un aparato que provocaba humo para aletargar a las abejas, pero una de ellas logró meterse en su protección. Al tratar de deshacerse de ella, pero uno de los pies se le atoró en el enjambre, puso la mano para detenerse y cayó sobre ella pesadamente, lesionándose el hueso del antebrazo del lado del pulgar.

Supo que se había lesionado porque le dolía mucho la muñeca —las fracturas de muñeca son particularmente dolorosas— y se le inflamó casi de inmediato. Los rayos X del hospital mostraron una rotura en el radio, uno de los huesos del antebrazo, con la parte superior sobre la parte inferior: una fractura típica de Colle. El cirujano ortopedista no logró reunir las dos partes separadas con la simple manipulación, por lo que tuvo que recurrir a un dispositivo de fijación externo, el cual involucraba clavos de acero en el eje del radio y los metacarpios (huesos de la mano) para mantener en posición las partes rotas.

Cuando el hueso sanó, unas semanas después y mediante una revisión con rayos X, los clavos le fueron retirados. En casi todos los casos, un poco de fisioterapia habría restaurado la muñeca a su estado normal, pero Ángela fue una de esa tercera parte de las personas con fractura de Colle que tienen problemas. Siguió teniendo punzadas de dolor leve, rigidez en la muñeca y en los dedos, y no podía asir bien las cosas, además de que también sufría *causalgia*, una rara sensación de ardor que generalmente se debe a la irritación del nervio.

Durante los nueve meses siguientes, estos síntomas fueron desapareciendo poco a poco, pero esta mano y muñeca quedaron más débiles que las otras. La HRT es una parte esencial del tratamiento de Ángela, y si ella la sigue unos cinco años, habrá restaurado su BMD a cerca del promedio para su edad.

Historia natural

La osteoporosis Tipo 1 sigue un patrón de malestar similar al del asma, la artritis reumatoide y la inflamación intestinal, entre otras condiciones. Se trata de desórdenes de largo plazo que no afectan a todos, pero en los que los síntomas se presentan pronto. El Tipo 1 contrasta con el Tipo 2 en este aspecto.

Tipo 2: osteoporosis relacionada con la edad

Características

- Rango de edad: 70 en adelante.

- Tasa de sexo, femenino a masculino: 2:1 .
- Pérdida de hueso: menos rápida y severa que el Tipo 1.
- BMD: un poco más baja que el promedio de su edad.
- Tipo de hueso afectado: cortical 50 a 70 por ciento —(no menos que 50 por ciento), trabecular 30 a 50 por ciento.
- Sitios de fractura: cadera, vértebras, pelvis, hombro, tibia superior.
- Tipo de fractura de cadera: comunmente cervical —hay más huesos costical en el cuello del fémur que entre los trocantes (ver figura 1).
- Tipo de fractura vertebral: grupo de fracturas acuñadas de las vértebras a nivel del pecho; pérdida de altura de los huesos individuales menos del 25 por ciento.
- Mandíbula y dientes afectados.
- Los osteoblastos no trabajan bien, peor que en el Tipo 1, por lo que la formación ósea queda considerablemente afectada.
- Causa de la osteoporosis Tipo 2: acumulación de cambios relacionados con la edad y que llevan a la pérdida ósea, básicamente una disminución en la formación de hueso comparada con la resorción. La pérdida de hueso relacionada con la edad sigue una tasa igual en hombres y mujeres de los 75 a los 80, pero las mujeres comienzan con la menopausia.
- Signos y síntomas característicos: desarrollo insidioso de una marcada pérdida de estatura, una cifosis con joroba, espalda curvada y cabeza empujada hacia abajo y adelante.

Historia natural

La osteoporosis Tipo 2 progresa de acuerdo con el patrón gompertziano (descrito por Ben Gompertz, un actuario británico). La enfermedad empieza mucho tiempo antes del momento en que uno se da cuenta, casi de manera imperceptible, y se desarrolla muy lentamente, procediendo síntomas en etapas tardías de la vida (es posible que nunca provoque un ataque evidente). Sucede de una manera similar a servir agua en un vaso: nada sucede un tiempo, pero si el agua llega al borde, comienza a derramarse. Casi todas las personas desarrollan cierto grado de osteoporosis Tipo 2 a una edad avanzada, pero es posible que no haya ningún incidente de advertencia.

Efectos importantes de la edad

- Una mayor producción de la hormona paratiroidea, que estimula la formación de hueso y que, a la vez conduce a una pérdida de sustancia ósea.
- Una formación ósea deteriorada por los osteoblastos que hace que el hueso que es reabsorbido no se reemplace adecuadamente.
- Una deficiencia de vitamina D debida a la falta de exposición a la luz solar por parte de muchas personas mayores, en especial quienes viven en asilos, y también debido a la absorción de Vitamina D de la dieta, deteriorada en el intestino.
- Una absorción inadecuada de calcio por falta de vitamina D.
- La deficiencia de estrógenos postmenopáusica se suma a la pérdida de hueso.

Hay muchas probabilidades que la osteoporosis Tipo 1 y 2 se traslapen y que algunas personas padezcan una mezcla de los síntomas de ambas.

El caso de Geoffrey

Geoffrey tenía 84 años cuando se fracturó la cadera. Había sido un hombre activo en su juventud y se había roto la clavícula jugando rugby, además de la tibia en un accidente en motocicleta. Ahora vivía en un piso cerca del centro de la ciudad y no tenía el menor entusiasmo por salir a caminar. Su mayor placer era fumar su pipa y beber un whisky —o dos— por las tardes. A veces acudía a un club para conversar con sus viejos amigos.

La fractura de Geoffrey se dio en el cuello del hueso del muslo, pero el hueso era tan frágil que no había posibilidad de tratarlo con clavos. El reemplazo de la cadera fue un éxito, aunque tuvo que permanecer hospitalizado tres semanas mientras sanaba. A Geoffrey no le importaba tomar calcio y vitamina D con regularidad, así como la calcitonina que, en teoría, es muy útil para los hombres con osteoporosis. Tampoco le significó problema alguno someterse a la fisioterapia ni hacer los aburridos ejercicios casi todos los días, esforzándose por caminar distancias cada vez más grandes con dos bastones y luego sólo con uno.

Lo que le molestó fue el veto definitivo del cirujano ortopedista al alcohol y el tabaco, los cuales dijo que habían contribuido a la fractura de Geoffrey y seguirían dañando su estructura ósea si continuaba consumiéndolos. Su GP y su esposa apoyaron al cirujano, por lo que Geoffrey pierde por minoría de votos y —como siguen diciéndole— al menos no ha tenido más desastres en los últimos 10 meses.

Osteoporosis juvenil

El desarrollo óseo es más rápido en la infancia y la adolescencia y, al menos la mitad de la masa ósea máxima se adquiere en la segunda década. Esto es como tener dinero en el banco, una especie de "apartado" para contingencias. Su tamaño es, principalmente —60 a 80 por ciento—, decidido por nuestros genes, pero sólo puede alcanzar su potencial máximo si, especialmente durante el punto máximo de crecimiento de la adolescencia— llevamos una nutrición amplia y bien balanceada, un cuerpo bien desarrollado, incluidas la producción apropiada de hormonas sexuales, y un estilo de vida sano con una buena cantidad de ejercicio y de actividades al aire libre.

Los niños y los adolescentes necesitan una mayor cantidad de calcio del que por lo general está disponible en la dieta de casi toda la población mundial, y más que el nivel que todavía se considera adecuado en los países del "primer mundo".

- Los niños requieren 1200 mg al día.
- Entre los 11 y los 24 años de edad se requieren 1500 mg al día.

Éstas son las cantidades recomendadas por la Sociedad Nacional de Osteoporosis del Reino Unido, y son más del doble de lo que el Departamento de Salud sugiere. Los expertos de Estados Unidos están de acuerdo con los NOS.

La osteoporosis en los niños puede desarrollarse antes del nacimiento. Los bebés prematuros pierden la masa ósea que debieron haber adquirido en los últimos tres meses dentro del útero. Por fortuna, si todo sale bien, logran una densidad mineral ósea (BMD, por sus siglas en inglés) al primero o segundo año de vida y no corren ningún riesgo especial de tener huesos quebradizos después. El síndrome de Turner (un desorden cromosómico que afecta a todo el cuerpo), la fibrosis cística y cualquier enfermedad que se trate con grandes dosis de esteroides o, más sencillamente, una falta de calcio y vitamina D en la dieta, son aspectos que se correlacionan con una masa ósea baja en un joven y con el riesgo de padecer osteoporosis.

Como la infancia y la adolescencia son periodos dinámicos de crecimiento, puede haber periodos de "recuperación" en la cantidad de hueso (masa ósea) y su fortaleza, con complementos adecuados de la materia bruta. No es necesario temer resultados de largo plazo, aun después de una fractura por osteoporosis.

Anorexia nerviosa, adelgazamiento y ejercicio excesivo

La anorexia nerviosa es una plaga psicosomática que afecta a las adolescentes. Las dietas para matarse de hambre que siguen provocan la falta de hormonas femeninas e, inevitablemente, ausencia de periodos menstruales, y si la condición dura varios meses, o años, la situación es similar a la menopausia. La escasez de estrógeno, aunada a una mala nutrición, pueden provocar osteoporosis con fracturas... ¡antes de los 20 años de edad!

La recuperación de un patrón anormal de alimentación incluso puede dejar los huesos quebradizos y con pocos minerales, y la masa ósea se reduce en el largo plazo. En estos casos es de vital importancia seguir un tratamiento energético: una dieta super nutritiva con calcio y vitamina D, tratamiento psicológico para lograr que la chica coma y, en algunos casos, terapia de estrógeno.

El adelgazamiento que es resultado de una anorexia persistente también puede tener efectos nocivos en los huesos, tanto en las mujeres adultas como en las adolescentes. En estos casos, la osteoporosis también puede hacer que los huesos se rompan sin una causa adecuada.

Los intensos entrenamientos para el ballet o los deportes incluyen una cantidad excesiva de ejercicio físico. En las mujeres esto puede interrumpir la elaboración de hormonas sexuales y, por lo tanto, provocar la desaparición del periodo menstrual, con un efecto devastador en la BMD y las reservas en el banco óseo. Menos ejercicio y más alimentación son necesarios para reducir el riesgo de que se rompan los huesos, pero, como con la anorexia nerviosa, es muy posible que un joven ambicioso no quiera cooperar. Los padres y el terapeuta deben tener mucha paciencia en estos casos y sopesar el valor del éxito en los deportes con los riesgos a la salud.

El caso de Svetlana

La mamá de Svetlana había sido primera bailarina y, a los 16 ella misma estaba ya en la escuela de ballet decidida a ser igual que su madre. Los entrenamientos eran muy intensos y ponía todo para hacerlos, además de que le interesaba sobremanera mantener su peso lo suficientemente bajo para que los bailarines pudieran levantarla con facilidad. Sin darse cuenta, entró en un régimen anoréxico en el que sólo se permitía el consumo de un máximo de 600 calorías al día, y sus periodos llegaron a consistir de dos o tres sangrados espaciados a los 15 años, después de lo cual se desaparecieron totalmente.

Ciertamente no fue su culpa que su compañero bailarín la tirara, pero los huesos quebradizos de su brazo fueron un resultado directo de este estilo de vida. El hombro tardó en sanarle debido a la fragilidad del hueso y su baja ingesta de calcio, además de que tenía por costumbre evitar los productos lácteos porque "engordaban", y casi entraba en pánico ante la sola visión de un vaso de leche. La directora de la escuela de ballet, para quien esto era un cuadro demasiado familiar, suspendió a Svetlana de sus estudios hasta que llegara a un peso acordado y su BMD mostrara señales de mejoría.

Svetlana sigue luchando con el peso, pero ha cambiado su régimen e incluso ya tuvo un periodo ligero. Ya no toma estrógeno extra, pero ingiere buenas cantidades de alimentos nutritivos, incluidas todas las fuentes naturales de calcio.

Embarazo, lactancia
y osteoporosis

Nuestro cuerpo tiene la capacidad de adaptarse fácilmente a los cambios, por lo que normalmente puede tomar la provisión de minerales que necesita un feto mientras que, al mismo, tiempo protege los huesos de la propia madre de debilitarse. El embarazo produce un gran flujo de estrógenos que, a su vez, da lugar a estos ajustes del organismo. Los intestinos cumplen su función absorbiendo dos veces más calcio de lo normal, siempre y cuando la dieta se lo proporcione, y la concentración de vitamina D aumenta de 15-60 pg a 80-100 pg/ml. El resultado es que, en un embarazo normal, no se pierden minerales de los huesos y algunas mujeres incluso llegan a aumentar su reserva ósea.

Y esto es excelente si la madre tiene la intención de alimentar a su bebé ella misma (amamantarlo).

Los gemelos son un caso especial: un drenado doble en los huesos de la madre, más propensos a ser prematuros que los bebés solos, y con más riesgo de sufrir osteoporosis en alguna etapa de su vida.

Lactancia o alimentación al pecho

Significa retiros importantes del banco óseo de la madre. La alimentación al pecho durante seis meses significa una pérdida de 7 por ciento de la masa ósea, el cual puede recuperarse totalmente cuando el bebé tenga 18 meses de edad, siempre y cuando la alimentación no vaya más allá de los seis meses.

Durante el embarazo y la lactancia se requieren 1,500 mg de calcio todos los días, y si no se alcanza esta cifra, es muy probable que se desarrolle la osteoporosis. Tal vez piense usted que las mujeres que no han tenido hijos tienen menos probabilidades de padecer osteoporosis en su vida mayor, ¡pero no es así! Las mujeres mayores (de 65 años en adelante) que tuvieron varios hijos en su vida tienden a tener una BMD más alta que aquellas que no tuvieron ninguno. La excepción es el embarazo en adolescentes, pues provoca una gran tensión y esfuerzo en el cuerpo de la madre, el cual sigue en crecimiento, y eso se refleja en huesos más débiles, incluso a los 65.

Osteoporosis asociada con el embarazo

Viene en dos tipos, los cuales son raros.

- *Osteoporosis momentánea de la cadera.* Se presenta en el último trimestre del embarazo, provocando dolor en la cadera y las ingles, pero no hay una fractura real. El hueso recupera su resistencia con tratamiento adecuado, pero el dolor puede continuar.
- *Osteoporosis espinal.* Esto sólo ocurre después del primer bebé, dentro de los tres meses siguientes al alumbramiento. El efecto es la compresión vertebral, la cual provoca una pérdida de altura o estatura y dolor en la espalda. La masa ósea se recupera y no existe el riesgo de recurrencia con otro embarazo.

Osteoporosis en los hombres

Los hombres son afortunados, pues corren un riesgo mucho menor de sufrir osteoporosis que las mujeres, aunque esto no significa que sean inmunes, y cuando llegan a desarrollar la enfermedad es seis veces más probable que se trate del Tipo 2, relacionado con la edad, como la variedad hormonal. La pérdida de hueso debida al envejecimiento nada más tarda mucho tiempo en provocar una fractura y como los hombres tienen una vida un poco más corta que las mujeres, algunos de ellos nunca llegan al nivel crítico de pérdida en donde la fractura de un hueso es muy fac-tible.

Hasta los 44 años, los hombres sufren muchas fracturas más que las mujeres debido a su estilo de vida, pero en algún momento entre los 40 y los 50 años de edad, la tasa cambia y, a partir de ahí, las mujeres superan con mucho a los hombres en cuanto a fracturas se refiere. Sin embargo, los huesos de los hombres, como los de las mujeres, se vuelven más frágiles a partir de la mediana edad, y las fracturas de cadera y espina son las más comunes. Los huesos rotos de los primeros años de vida —por los deportes o por un accidente— dejan un legado de masa ósea reducida, y hacen que sean más probables las fracturas de mínimas a moderadas, lo cual se aplica particularmente a la cadera. Nadie sabe por qué, pero estas fracturas aumentan más en los hombres que en las mujeres y conllevan un riesgo mayor de ocasionar la muerte (una minoría).

Las *fracturas de las vértebras* en los hombres provocan una pérdida de estatura y cifosis, como en las mujeres, con un mayor riesgo de roturas posteriores. En cuanto a las fracturas de cadera en los mayores de 75 años, sólo el 50 por ciento de los hombres, comparados con las mujeres, las sufren.

Los hombres cuentan con ventajas internas: esqueletos más grandes y fuertes, con una masa ósea más densa desde el principio, y ninguna caída dramática en la producción de hormonas que sea equivalente a la menopausia. Esto significa que un hombre que desarrolla osteoporosis tiene más probabilidades de tener una causa secundaria para ellos, por ejemplo, enfermedades crónicas, diabetes, alcoholismo, adicción al tabaco, enfermedad hepática, operaciones en el estómago y el consumo de varios fármacos y medicinas.

Los *bajos niveles de hormona sexual masculina* tienden a la osteoporosis por mecanismos similares a la deficiencia de estrógenos. Las causas del *hipogonadismo* (órganos sexuales inactivos) tienen que ver con el desarrollo y se relacionan con los desórdenes genéticos de los males de Klinefelter y Kallmann, operaciones en los testículos debidas al cáncer y lesiones accidentales. Una pubertad tardía puede tener un efecto fulminante y conducir a un nivel menor de lo normal de la hormona sexual, indefinidamente. En estos casos, el tratamiento incluye andrógenos (hormonas sexuales masculinas, como la testosterona),un paralelo con HRT (el estrógeno y la progesterona en las mujeres).

El caso de George

Goerge tenía 62 años de edad y él mismo se consideraba fuerte y en buena forma. Fue la tarde de un domingo de octubre cuando estaba trabajando en el jardín que un dolor en la espalda le quitó el aliento. Su esposa lo llevó al Departamento de Accidentes y Urgencias local en donde una placa de rayos X mostró que tenía una fractura en la vértebra, al nivel de la décima costilla. El doctor le administró medicamentos contra el dolor en el hospital y su GP los continuó, además de sugerirle la aplicación de hielo o calor en la zona, lo que le proporcionaría más alivio. Estos paliativos le ayudaron un poco, pero tres semanas después la espalda le seguía doliendo cuando caminaba o estaba de pie. No le permitía continuar con su vida normal.

Unos dos o tres años antes se había resbalado en al orilla congelada de la banqueta y se había roto la muñeca, la cual sanó satisfactoriamente, aunque, de manera inevitable, dejó un déficit óseo. Tomaba y fumaba de manera moderada: dos cigarros al día y dos copas, y su trabajo era sedentario. Un examen físico detallado no mostró ninguna otra enfermedad y, específicamente, no había razón alguna en particular para sufrir caídas, la causa común de las fracturas. El tratamiento de Goerge involucraba un cambio total en su estilo de vida, con calcio y vitamina D extra, ejercicio regular, vigoroso y levantando pesas (pero evitando inclinarse hacia delante), fisioterapia y dejar el cigarrillo por completo.

4

Osteoporosis secundaria

1 Debida a medicamentos y otros fármacos

La osteoporosis puede aparecer de manera secundaria a los efectos de un fármaco, administrado a través de los medicamentos. La más importante de estas condiciones es el resultado de las medicinas esteroides ubicuas.

Osteoporosis inducida con esteroides

En 1932, el neurólogo estadounidense Harvey Cushing estudiaba la glándula adrenal y descubrió que cierta clase de compuestos esteroides llamados *glucocorticoides* podían causas osteoporosis. Estaba trabajando con el esteroide de la naturaleza, el cortisol, que se produce en exceso en la enfermedad de Cushing. En la década de los 40, se supo que los esteroides administrados como medicinas tenían el mismo efecto devastador, lo cual se observó por primera vez en los enfermos de artritis reumatoide. Esto era comprensible porque la enfermedad en sí provoca cierto adel-

gazamiento de los huesos y los vuelve particularmente susceptibles a la osteoporosis debida a otras causas. Algunos
pacientes a quienes se dio el nuevo y casi mágico medicamento esteroide desarrollaron fracturas de compresión en
sus vértebras.

Las fracturas vertebrales son, por lo general, la primer
manifestación de osteoporosis esteroide, aunque la cadera
y los huesos largos de los miembros también pueden resultar afectados.

¿Quién adquiere osteoporosis esteroide?

¡Casi todos! El término osteoporosis automáticamente con-
jura el estereotipo de una viejecita pequeña y encorvada
con una joroba, caminando con un bastón debido a una fractura de cadera. En el caso de la osteoporosis esteroide esto
no es así. Todo aquel que tome esteroides glucocorticoides
durante seis meses desarrolla algún grado de osteoporosis,
y puede presentarse mucho más pronto. Como estas medicinas se usan en muchas enfermedades, desde afecciones
crónicas de las vías aéreas hasta sarcoidosis, hasta el mal
de Crohn, es lógico pensar que una gama igual de personas
está sujeta a este tipo de osteoporosis.

Entre ellas se incluyen los hombres y las mujeres por
igual, así como los niños y adultos jóvenes y mayores, las
personas de color y los blancos, asiáticos y —en las mujeres— las que tuvieron hijos y las que no. No hay diferencia
en la enfermedad de que se trate, el efecto del medicamento en el organismo es el mismo. Aunque las dosis altas
incrementan el riesgo, algunas personas, en particular varones, resultan afectadas por las dosis bajas. De hecho, a las
pocas horas después de tomar una sola dosis de prednisolona, una medicina esteroide de uso frecuente, el reemplazo rutinario del hueso viejo y desgastado se interrumpe.

De qué manera los esteroides minan los huesos

- Tienen un efecto inhibitorio, severo y directo, en los osteoblastos, las células responsables de la construcción ósea.
- Se estimula la actividad de los osteoclastos, destructores del hueso.
- Se reduce la absorción de calcio por parte de los intestinos, sin importar la disponibilidad de vitamina D.
- Los niveles de la hormona paratifoidea aumentan, lo que conduce a un reemplazo óseo más rápido con una mayor pérdida de minerales.
- La producción de la hormona sexual —en cualquier sexo— se suprime, y esto contribuye a la pérdida de hueso, como sucede con la menopausia.
- Los riñones dejan salir más calcio en la orina, lo que deja una menor cantidad del mismo para los huesos.

Medidas para reducir el riesgo de osteoporosis por uso de esteroides

Comience a poner en práctica estas medidas tan pronto como inicie el medicamento, con la ayuda de su médico y dentro de los límites de lo que pueda usted hacer.

- Siempre que pueda, consuma esteroides que puedan inhalarse, como en los casos de asma, o aplicarse en la piel, como en las dermatitis, en vez de las tabletas o las inyecciones.
- Mantenga la dosis mínima eficaz.
- Tome el medicamento en días alternados para dar a sus huesos tiempo para descansar del fármaco; la dosis será más larga.

- Consuma los preparados de acción corta en vez de los de acción larga, por la misma razón: para dar a los huesos un respiro entre dosis.
- Procure mantener sus músculos fuertes y de buen tamaño con cualquier tipo de ejercicio que su enfermedad le permita hacer. Busque el consejo de su fisioterapeuta respecto a algunos ejercicios específicos para el muslo, el hombro y los músculos del tronco en particular.
- Tome 1500 mg de calcio diario.
- Reduzca el consumo de sal.
- Tome HRT si tiene un nivel de estrógeno bajo.
- Consuma hormonas masculinas si es hombre con un nivel bajo de testosterona.
- Hágase valoraciones frecuentes de BMD, cada seis meses, durante los dos primeros años después de iniciar los esteroides, y luego revísese.
- Tome calcitonina o alguna otra medicina anti-osteoporosis si la pérdida rápida de hueso continúa varias semanas.

El caso de Bryony

Bryony tenía 60 años, había sufrido polimialgia reumática durante 10 años y el único tratamiento que le había ayudado había sido la prednisolona. La había estado tomando ocho años y había desarrollado la "cara de luna" que es típica de quienes toman esteroides en el largo plazo. Su médico estaba preocupado y ordenó evaluaciones de BMD, las cuales fueron muy bajas y mostraron que Bryony estaba en un peligro inminente de fracturarse la espalda o la cadera. El médico le exigió que redujera su dosis de prednisolona, que en ese momento era de 10 mg al día, pero cada vez que lo intentaba, sus miembros se ponían muy

rígidos y le resultaba doloroso caminar apropiadamente.

La siguiente medida fue intentar una reducción
muy lenta de 1 mg al mes, apoyada con el consumo de
calcio y multivitamínicos, incluida la vitamina D.
Bryony sentía más dolor, no tenía energía y andaba de
mal humor. Fue en este punto cuando el GP le prescribió un tratamiento de dos semanas de etidronato, a
repetirse cada tres meses, un medicamento que tiene
una buena reputación para tratar el dolor de huesos y
que ayudó a Bryony. Es demasiado pronto para juz-
gar, porque se trata de un procedimiento de acción lenta, pero ella se siente un poco mejor.

Alcohol

Existe un consenso general entre los expertos de que dos
copas al día no dañan los huesos, una ingesta moderada es
ambigua y beber en exceso es extremadamente perjudicial.
El 10 por ciento de los hombres que sufren fracturas de espalda abusan del alcohol de alguna forma.

Efectos nocivos del alcohol en los huesos

- Directamente tóxico para los osteoblastos, lo que da
  lugar a una renovación ósea menor.
- Mal hepático lo que provoca un reemplazo mayor de
  huesos.
- Niveles reducidos de testosterona.
- Nutrición alterada, con falta de proteína y, por lo ge-
  neral, mala nutrición.
- Mala absorción de vitamina D y calcio.
- A menudo pérdida de peso y adelgazamiento.
- Mayor riesgo de caídas.

Los hombres son más propensos a beber demasiado, pero esto no es lo que generalmente da lugar a la osteoporosis antes de los 60 años de edad, pero de los 60 a los 69, las cifras aumentan radicalmente, Las mujeres de edad mediana a menudo surgen como bebedoras secretas o discretas y, como son más susceptibles a la osteoporosis debido a su sexo, pueden desarrollar el desorden a partir de los 40. Además, las personas que consumen alcohol de manera demasiado generosa tienen más probabilidades de llevar un estilo de vida que incluya el consumo de tabaco, beber café y hacer poco ejercicio.

Tabaco

Los efectos adversos del cigarro se desarrollan lenta pero inexorablemente, con apenas 10 cigarrillos al día y, finalmente, provocan síntomas de osteoporosis. Por lo general se trata de una fractura de espina, cadera, o antebrazo en el grupo de más de 75 años de edad, cuando la función protectora de los huesos de la grasa corporal y el estrógeno ha disminuido notablemente.

De qué manera el tabaco daña los huesos

- Adelanta el inicio de la menopausia.
- Aumenta la probabilidad de estar delgado.
- Menos peso corporal, lo que se refiere a un menor estímulo de la construcción ósea.
- Aumento de la resorción ósea.
- Disminución de la formación ósea, que se suma a la pérdida de hueso.
- Interrupción del estrógeno natural y también cuando se administra una HRT.
- Un estilo de vida con más probabilidad de relacionarse con el alcohol.

La masa ósea en los fumadores de cualquier sexo se reduce al nivel de una persona de más de 40 años de edad.

Tiroxina

Un exceso de esta hormona puede surgir a través de la enfermedad de tirotoxicosis, pero es más probable que surja de un tratamiento demasiado entusiasta para una tiroides inactiva, una condición muy común en las mujeres de mediana edad. La investigación reciente en Estados Unidos mostró que el 80 por ciento de las personas tratadas para hipotiroidismo estaban recibiendo dosis excesivas.

La tiroxcina causa una frecuencia mayor de activación del ciclo de reemplazo óseo, con una densidad mineral ósea reducida y el riesgo de sufrir osteoporosis.

Anticonvulsionantes

La osteomalacia, la forma adulta del raquitismo, debida a una escasez de vitamina D, se ha estado asociando con los fármacos administrados para la epilepsia, remontándose a aquellos días en que los enfermos vivían en instituciones y tenían muy poca oportunidad de salir. En la actualidad tienen más probabilidades de desarrollar osteoporosis.

Las dosis altas y la mezcla de varios medicamentos contra la epilepsia en una persona mayor que se expone poco al sol es el peor de los casos. Estos fármacos descomponen la vitamina D y ello conduce a una escasez peligrosa en las personas mayores.

Fármacos hormonales anti-sexo

Estas medicinas hormonales se usan en la tensión premenstrual (PMT), la endometriosis, los ovarios policísticos y el cáncer de próstata. Provocan pérdida ósea acelerando el reemplazamiento. El fármaco anti-estrógeno, tamoxifen, usado para prevenir o controlar el cáncer de mama tiene un papel doble, en parte nocivo y en parte benéfico para los huesos.

Heparina

Es un agente anticoagulante usado en enfermedades cardiacas y de las arterias y en la tromboflebitis: taponamiento de una vena. A menudo se usa en el embarazo para la tromboflebitis recurrente, ya que los demás anticoagulantes comunes, como la warfarina, pueden provocar anormalidades en el feto. La heparina estimula a los osteoblastos a que descompongan más hueso, y si usan unos seis meses o más, provocarán osteoporosis.

Litio

Esta medicina, que se usa de largo plazo en algunos desórdenes psiquiátricos, estimula producción de la hormona paratifoidea que, a su vez acelera, la tasa de pérdida ósea del ciclo normal. La BMD se reduce y el peligro de osteoporosis aumenta.

Metotrexato y otras medicinas citotóxicas

Estos fármacos se usan en la leucemia, el linfoma y varios tipos de cáncer; inhiben el nuevo crecimiento, incluida la formación de hueso nuevo.

Vitamina D

El exceso de vitamina tiene el efecto opuesto al que se busca, provoca toxicidad y, si el exceso es prolongado, puede provocar osteoporosis.

Medicamentos que pueden aumentar el riesgo de caídas

- Pastillas para dormir.
- Tabletas para la ansiedad.
- Tranquilizantes para condiciones más serias.
- Medicinas diabéticas para reducir el azúcar en la sangre.
- Fármacos para bajar la tensión arterial.
- Digoxina y otras medicinas para el corazón.
- Algunas fuertes tabletas de agua del tipo "loop".

Y el alcohol.

2 Asociado con algunas otras enfermedades crónicas

El 50 por ciento de las personas que sufren una fractura de cadera tienen alguna otra condición crónica además de la osteoporosis, pero como la mayoría de estas personas tiene más 70 años, esto no es de extrañar. Cualquier restricción en el ejercicio —debido a la enfermedad— aumenta la probabilidad de osteoporosis.

Los desórdenes que provocan una mayor interrupción (resorción) y acumulación (formación) de hueso, con una pérdida neta son:

- tirotoxicosis: tiroides demasiado activa.
- Enfermedad de Paget de los huesos.

Los que causan una mayor resorción y menor formación ósea:
- artritis reumatoide, incluida la forma juvenil;

- esclerosis múltiple.

Los que provocan falta de calcio:

- enfermedad del riñón;
- intolerancia a los productos lácteos (deficiencia lactosa).

Las enfermedades que pueden ser benéficas son:

- osteoartritis severa de la cadera, que hace que sea menos probable una fractura del cuello del fémur;
- la diabetes no dependiente de la insulina en las mujeres: la tendencia a la grasa significa más estrógeno, menos caídas y menos daño si se sufre una caída.

Artritis reumatoide

El peligro de una fractura de cadera se duplica y también aumenta el de una vértebra comprimida. Es muy probable que le administren esteroides si tiene esta enfermedad, lo cual aumenta el riesgo. El adelgazamiento óseo generalizado también puede ocurrir si consume fármacos anti inflamatorios no esteroides, los NSAIDs solamente.

Enfermedades del sistema digestivo

Afección celiaca, colitis ulcerativa, enfermedad de Crohn y operaciones estomacales por úlceras, todas conducen a una incapacidad para absorber apropiadamente los nutrimientos esenciales, las vitaminas y los minerales. La osteoporosis puede ser el resultado.

El caso de Luke

Luke tenía 17 años cuando desarrolló la enfermedad de Crohn, la más grave de las enfermedades inflamatorias intestinales y la que más probablemente está relacionada con la osteoporosis. Algunos años después del diagnóstico inicial entró en una mala racha y la consecuencia fue una operación para extirpar una parte afectada de su intestino: resección ileal. También le dieron esteroides.

Esta enfermedad y la pérdida de parte de sus intestinos significaron que el proceso de absorción fue afectado incluso por los nutrientes normales: proteínas, grasas y carbohidratos, y también el calcio, la vitamina D y el magnesio que necesitaba. Adelgazó mucho, y eso aumento su riesgo de enfermar de osteoporosis. Los análisis de sangre revelaron niveles demasiado bajos de vitamina D y la estimación de BMD mostró unos huesos debilitados y osteoporóticos.

Luke no sufrió ninguna fractura, pero sus huesos le dolían mucho y por lo general estaba débil a una edad en la que debería estar fuerte. Los síntomas cedieron con grandes dosis de vitamina D, el consumo de una abundante cantidad de complementos de calcio y redujeron el esteroide.

Algunas otras enfermedades que pueden estar asociadas con la osteoporosis son:

- Hemofilia.
- Mal hepático severo.
- Diabetes dependiente de la insulina.
- Sarcoidosis.
- Talasanemia.
- Anemia perniciosa.
- Escoliosis idiomática.
- Tiroides hiperactiva.
- Fibrosis cística.
- Acromegalia.

- Vías aéreas obstruidas.
- Espondilitis anquilosante.
- Leucemia, linfoma, mieloma, cáncer de mama y de otros tipos.
- Cáncer de pulmón, el cual tiene fama de estar relacionado con la osteoporosis en los hombres.
- Mal de Parkinson.
- Diversos trastornos genéticos, principalmente los raros, como la osteogenesis imperfecta.

5

Los riesgos

¿Está usted viviendo en peligro? Tal vez puede resultar excitante arriesgarse esquiando por una pendiente inclinada en Brands Hatch, pero no hay nada divertido en poner en riesgo el cuerpo por la osteoporosis.

Los factores de riesgo de esta enfermedad potencialmente incapacitante vienen en dos formas: aquellos en los que no puede usted hacer nada, y los que puede evitar o modificar. Es necesario conocer los del primer tipo, que están fuera de su control, tanto como los del segundo. Si partiera usted en un largo viaje hacia lo desconocido, le gustaría saber si hay alguna falla en su equipo. Asimismo, en su viaje de la vida, es importante conocer los puntos débiles.

Factores de riesgo 1: Inevitables

Sexo

En este aspecto, las mujeres están en desventaja en lo que a la osteoporosis se refiere. Incluso antes de la menopausia, sus huesos son más ligeros y menos fuertes, y a partir de los 45 años de edad, aproximadamente, cuando se reduce la producción de hormonas femeninas, hay una diferencia radical —de seis a uno— entre hombres y mujeres en la predominancia de la osteoporosis y su principal síntoma: huesos que se rompen fácilmente. Incluso en edades mayores, por cada hombre que sufre una fractura de cadera, hay dos mujeres que también la padecen.

Edad

No se engañe pensando que la edad no tiene importancia. Tal vez su mente siga siendo muy ágil, tenga una hermosa figura e incluso su rostro todavía tenga una apariencia juvenil, pero los huesos saben perfectamente la edad que tienen y funcionan de manera correspondiente: pierden fortaleza mineral a partir de los 30 años de edad. A lo 80 años, el 70 por ciento de las mujeres blancas de Estados Unidos y el Reino Unido tienen osteoporosis y el 3 por ciento del resto presenta osteopenia: huesos de peso ligero. Antes se creía que a partir de los 85 el ritmo de la resorción y la formación se llevaba a cabo tan lentamente que ya no había pérdida de hueso; de hecho, se pierde densidad ósea a partir de los 90. No hay un momento en que podamos dar por algo seguro a nuestros huesos.

El sistema óseo se encuentra bajo una tensión extra en la primera infancia y la adolescencia, etapas en las que los huesos crecen muy rápido, y en las mujeres durante la revolución hormonal de la menopausia, y después de los 60 en todo el mundo.

Los últimos años de la pubertad, en ambos sexos, y el principio de la menopausia en las mujeres, dan lugar a una masa ósea reducida: un importante factor de riesgo. Los hombres no sufren una baja tan grande de producción de las hormonas sexuales, pero entre los 60 y los 65 años de edad, también, se vuelven más vulnerables. Cada año, a partir de esta edad y para cualquier sexo, hay que ser más precavidos respecto al riesgo de sufrir una fractura.

Raza

Sin importar el lugar donde viva usted ahora, sus huesos recordarán a sus ancestros. Los descendientes de negros africanos, en particular los hombres, son los más resistentes a la osteoporosis, y los varones asiáticos son los siguientes más afortunados. Las mujeres de casi todas las razas son más susceptibles que los hombres de la misma raza. Si bien las mujeres caucásicas —la mayoría de ellas en Norte América y el Norte de Europa— tienen menos oportunidad de vivir sin osteoporosis, a menos que se tomen muy en serio su cuidado óseo. Las personas blancas, en el extranjero, tienen el doble de fracturas por osteoporosis que las que tienen ascendencia africana o asiática. Los hispano americanos se encuentran entre los negros y los blancos en cuanto a susceptibilidad.

Algunas razas presentan una mayor incidencia; por ejemplo, entre los malayos y los chinos, los hombres son más propensos a la osteoporosis que las damas, y más o menos están iguales entre los bantú y los maoris. Estos últimos tienen menos problemas con los huesos que la gente de ascendencia europea que vive en la misma región.

En dónde vive usted

Si bien la raza tiene una influencia importante, el país en donde usted vive también es significativo. Los hombres y mujeres de color que han vivido durante varias generaciones en los Estados y han absorbido el estilo de vida occidental, tienen más osteoporosis que sus primos en África, aunque todavía mucho menos que los blancos.

Los lugares con la mayor proporción de casos de osteoporosis y los de menor presencia de la enfermedad son los siguientes:

- Norte de Europa/Escandinava
- Norte América
- Asia
- Sur del Pacífico
- Sur de Europa
- África

En Suecia y otros países de las latitudes del norte, el sol en invierno se encuentra tan bajo en el cielo que hay demasiada atmósfera para que los rayos logren penetrarla y muchos de los rayos ultravioleta no logran penetrarla. Esto interfiere con el efecto benéfico de la luz del sol sobre la fabricación de vitamina D. La deficiencia de esta vitamina es común en estas naciones porque muy pocos alimentos la contienen (básicamente sólo el aceite de pescado y la yema de huevo). Hay mucha mayor presencia de osteoporosis en el norte de Europa que en la soleada costa del mediterráneo. Asimismo, en Bretaña se dan más casos en Aberdeen que en Bournemouth —pero quizás esto se debe, en parte, a una mayor cantidad de avena en la dieta escocesa, la cual inhibe la absorción de calcio, y el consumo de whiskey, que impide la formación de huesos nuevos.

En las zonas donde hay menos luz UV, las personas negras y morenas son las que tienen más probabilidad de sufrir una deficiencia de vitamina D, y no es por casualidad que los escandinavos tengan la piel tan pálida y sean rubios, mientras que los que tienen origen español e italiano poseen una piel color oliva.

Un dato geográfico curioso es que el número de casos nuevos de osteoporosis al año se ha estabilizado en Estados Unidos, pero está aumentando en el Reino Unido, Suecia, Hong Kong y Austria.

Personal

Su familia

Aparte de la raza, la herencia personal familiar de una persona marca una gran diferencia. Si alguno de sus padres u otro pariente en primer grado tiene osteoporosis usted puede tenerla también: madre e hija es lo más común. Los gemelos idénticos comienzan con un punto máximo similar de masa ósea, pero puede cambiar después debido a los efectos del cigarro, el alcohol y otras diferencias en el estilo de vida.

Su psique

Puede ser una característica racial o familiar, o deberse a la nutrición, pero si usted es más pequeño que el promedio y de complexión ligera, puede estar en gran riesgo. Un hombre negro grande tendrá una cantidad sustancial de masa ósea en donde apoyarse y tendrá que pagar menos seguro; sin embargo, algunas personas pequeñas, de origen chino o japonés, pueden tener huesos tan densos y fuertes como los de los tipos grandes.

Otros factores

- *Ser gemelo* provoca tener menos masa ósea.
- *No tener hijos* en la época en que inicia la menopausia deja a la mujer con una masa ósea ligeramente menor y una probabilidad ligeramente mayor de sufrir osteoporosis.
- *La deficiencia lactosa* (en los genes) o alguna otra causa para no tolerar los productos lácteos, ricos en calcio, es una gran desventaja.

Historial médico—factores negativos

- Periodos irregulares o faltantes, que demuestran escasez de estrógeno.
- Accidentes que involucran huesos rotos, lo que provoca una reducción de masa ósea.
- Las operaciones en el estómago o los intestinos conducen a una mala absorción del calcio y la vitamina D de los alimentos.
- Una histerectomía con extirpación de los ovarios, con una caída drástica en la producción de estrógenos.
- Histerectomía sin extirpación de ovarios, que conduce a una reducción temporal en la producción de estrógenos (a veces permanente) y provoca el inicio de la menopausia.
- Esterilización mediante ligadura de trompas, que también reduce el nivel de estrógenos.
- Cirugía de próstata o testicular, que da lugar a una pérdida de hormona masculina.
- Enfermedades crónicas, particularmente las que tienen que ver con la inmovilización o la inhibición de la formación de hueso nuevo, como en el caso del cáncer.

Factores de riesgo 2:
En los que puede usted influir

- Cafeína en exceso.
- Tabaco, cualquier tipo.
- Alcohol: más de una copa al día. El café, los cigarros y los tragos son enemigos que pueden percibirse como amigos: un placer, una comodidad pero, más especialmente, un hábito.
- La vida sedentaria o la inactividad obligada debido a una enfermedad o discapacidad.

- Una dieta que impida la absorción del calcio, como:
  —el salvado de trigo, los frijoles y la comida integral, porque contienen fitatos;
  —las espinacas y el rubibarbo, por los oxalatos (vea la p. 196);
  —demasiada proteína y sodio, que provocan pérdida de calcio en la orina;
  —la comida rápida y otros alimentos procesados bajos en calcio y altos en fosfato y sodio.
- Falta de vitamina K, C y D.
- Falta de elementos tales como el zinc, el manganeso y el cobre (vea también el Capítulo 14 sobre la dieta).
- La píldora anticonceptiva... quizás: parece tener cierto efecto reduciendo o aumentando la BMD.
- No tomar terapia de reemplazo hormonal después de la menopausia.
- Músculos poco desarrollados.
- Radioterapia y quimioterapia.
- Medicamentos que interfieren con la absorción del calcio:
  —píldoras de agua "loop" como la frusamida o triamterina;
  —tetraciclina, un antibiótico;
  —anticonvulsivos;
  —esteroides;
  —antiácidos que contienen sales de aluminio;
  —tiroxina;
  —isionazida, que se usa para tratar la tuberculosis.
- Algunos otros fármacos, vea la p. 195.

El caso de Naomi

Emita y Naomi eran amigas y las dos trabajaban en Londres para una firma japonesa. Emita era de Tokio y Naomi de Manchester, las dos tenían 29 años de edad, eran pequeñas, delgadas y pesaban alrededor de 50 kilos. Cada una pensaba que la otra era ligeramente más delgada y decidieron revertir la situación, por lo que el resultado fue una competencia para ver quién podía comer la menor cantidad y perder el mayor peso. Las dos eran mujeres decididas y ninguna iba a darse por vencida. Así continuaron varios meses, en los que Naomi cayó en la anorexia... hasta el accidente.

A Namoi le gustaba mucho el futbol, le parecía sensacional. Cuando cayó sobre la pelota y luego al suelo, se rompió la muñeca. Los rayos X revelaron unos huesos muy delgados: tenía osteoporosis. Le impactó mucho saber que tenía una enfermedad de ancianos, lo bastante severa para aparecer en la placa de rayos X. Se preguntaba por qué Emita, que había hecho exactamente el mismo adelgazamiento no tenía problemas, y una prueba DEXA (vea la p. 86) reveló que su BMD era normal. La diferencia era que el peso de Naomi era bajo para una chica inglesa promedio y que se encontraba alrededor del peso promedio de una japonesa, y si bien los periodos de Emita continuaron normales, los de Naomi estaban desapareciendo y eso hacía que sus huesos fueran más vulnerables.

Namoi ahora está tratando de reconstruir sus huesos con calcio y vitamina D extra, además de una buena dieta balanceada.

Riesgos especiales para los hombres mayores

Es obligación de las personas que son mayores de 60 años cuidar sus huesos, en particular con respecto a las caídas. Una tercera parte de ese grupo de edad sufre por lo menos una caída al año, de la cual el 6 por ciento da por resultado una fractura. Las tres cuartas partes de las caídas que tienen un desenlace fatal ocurren cuando se es de más de 65 años de edad, y el 99 por ciento de ellas se deben a la osteoporosis.

La propensión a las caídas

Entre las causas se incluyen:

- Un sentido del equilibrio alterado.
- Un mal control muscular.
- Un tiempo de reacción lento y músculos débiles, de manera que no puede salvarse usted mismo.
- Consumir fármacos que provocan confusión y mareo, en particular tabletas para dormir, tranquilizantes, sedantes, antidepresivos y cualquier benzodiazepina (vea también la p. 62).
- El alcohol.
- Tensión arterial baja, a veces debida a medicinas que se administran para disminuir la alta presión.
- Articulaciones inestables, en especial las de las rodillas.
- Artritis, ya sea reumatoide u osteoartritis, que afectan el caminar.
- Mal del parkinson.
- Visión, audición deterioradas, junto con el órgano del equilibrio del oído (es posible que no escuche usted el tráfico hasta que está muy cerca).
- Problemas en los pies: por ejemplo, bunion, granos, callosidades o crecimiento excesivo de las uñas, los cuales afectan el caminar.

Bajo nivel de calcio

- La gente mayor absorbe menos calcio.
- Menor consumo de productos lácteos en este grupo.
- Dieta generalmente inadecuada, en especial aquellos que viven en casas para ancianos.

Otras consideraciones

- Las personas mayores hacen menos ejercicio.
- Tienen menos actividades al aire libre y reciben menos luz ultravioleta.
- Menor respuesta de la piel a la luz solar, y menos elaboración de vitamina D.
- Estado de ánimo deprimido, mala memoria, pueden olvidarse de tomar los complementos de la dieta.

El caso de Jessie

Jessie tenía 72 años, siempre estuvo preocupada por su apariencia, y se sentía miserable si llegaba a aumentar un kilo en días de fiesta. Mantuvo su figura delgada a través de la dieta y casi no hizo ejercicio: ése fue su primer error. Salir a caminar, como medio para hacer ejercicio, habría sido difícil con los altos tacones que invariablemente usaba, no excesivamente altos, pero casi. No soportaba ni siquiera la idea de usar calzado de suela plana. Fue una decepción darse cuenta de que su visión ya no era tan buena como antes, pero no quería usar anteojos en público.

El toque final —que no fue culpa de Jessie— fue el congelamiento. El pavimento parecía vidrio, pero no se dio cuenta del todo hasta que se resbaló y cayó sobre su cadera, fracturándosela. El reemplazo de cadera le funcionó bastante bien, pero habría sido mejor que sus huesos se fortalecieran. Ahora tiene que hacer algunos ejercicios diarios, que el fisioterapeuta le recomendó, y está mejorando.

Seguridad para las personas mayores

- Tomar precauciones para prevenir caídas: instalar un piso que absorba golpes, no poner alfombras o tapates sueltos, colocar sujeta-manos en el baño y en las escaleras, protectores de cadera, tener buena iluminación y usar zapatos que ajusten bien.

- La dieta debe incluir todos los nutrientes, vitaminas y minerales necesarios.
- Consumir complementos de calcio y vitamina D.
- Hacer ejercicio todos los días, de preferencia caminar, pero cualquier cosa que esté dentro de sus posibilidades: el calcio extra no cubre la falta de actividad muscular.
- Seguir un tratamiento para la depresión si se siente triste y falto de energía e interés por la vida.
- Revise sus medicinas con la intención de suspender las que no sean realmente necesarias.

6

Las pruebas de diagnóstico

Aunque miles de mujeres en el Reino Unido tienen más osteoporosis que cáncer de cérvix, las pruebas de diagnóstico regulares se enfocan por éste último, pero nada hay para revisar la osteoporosis. El objetivo de las pruebas de selección es averiguar si están surgiendo problemas antes de que los síntomas se presenten. El tratamiento en esta etapa puede prevenir problemas más graves después, pero el primer paso esencial es averiguar lo sanos que están sus huesos ahora, y si la osteoporosis ya ha empezado a establecerse.

Lo ideal es que todas las mujeres se hagan una prueba para detectar osteoporosis cuando tengan la menopausia, lo que generalmente sucede alrededor de los 50 años de edad, cuando la producción de las hormonas sexuales femeninas disminuye radicalmente. Los hombres que tienen buena condición física y no presentan síntomas pueden darse el lujo de esperar otros 10 años antes de entrar en la etapa peligrosa cuando, también ellos, están en riesgo de sufrir osteoporosis. No espere a quebrarse un hueso o a darse cuenta de que ya no tiene la misma estatura que antes porque sus vértebras se han ido colapsando lentamente. Tome medidas ahora para eliminar molestias provocadas por la osteoporosis antes de que haya un daño más serio.

Lamentablemente, el NHS no proporciona ningún estudio de osteoporosis para los hombres y las mujeres normales en los grupos erarios de riesgos de 60 y 45 años, respectivamente.

¿Hay algún esquema local en su vecindario?

En mi localidad, por ejemplo, las instalaciones deportivas del municipio han tomado la iniciativa de ofrecer sesiones de revisión de media hora para la osteoporosis, incluido un examen de ultrasonido para todo aquel que lo quiera. La desventaja es que hay que pagar, y uno ni siquiera sabe si necesita la prueba. Si usted ya está en una edad de retiro, puede convenirle pedir a su médico que le refiera, vía el NHS, a un ultrasonido o a alguno de los otros métodos tecnológicos nuevos para examinar el hueso vivo.

Si usted tiene uno o dos de los factores de riesgo mencionados en el Capítulo 5, coménteselo a su médico; desde luego, si ya ha sufrido una fractura de cadera o de muñeca, ha perdido peso o presenta dolores de cabeza persistentes, definitiva, y urgentemente, necesita hacerse una valoración de su masa ósea o de su densidad mineral ósea. Para recapitular del Capítulo 1, estas dos medidas van de la mano y son los mejores indicadores que tenemos de la fortaleza y la resistencia de nuestros huesos y para la identificación de la osteoporosis. Cuanto menor sea la masa ósea y la BMD, mayor será el riesgo de fractura. Los huesos sanos no se rompen si no son sometidos a una fuerza considerable. Caerse al suelo de estar parados —o incluso sentados— no califica ni, desde luego, la presión de largo plazo en la espina dorsal ejercida por el peso del cuerpo.

Al escribir esto me di cuenta de que yo, personalmente, no quiero correr ningún riesgo innecesario, por lo que decidí aceptar el ofrecimiento del deportivo municipal.

Mi prueba

Tuve que pagar 39 libras de entrada cuando me registré. Me pregunté si iba a tener que desvestirme y me aseguré de que mi ropa interior estuviera limpia. No quería tener que molestarme. Para empezar, las dos chicas encargadas, ambas de menos de 25 años de edad y en buena condición física, me preguntaron mi edad, todo sobre mis periodos desde el principio hasta el fin, mis hijos y si les había dado pecho, si alguien en la familia había tenido osteoporosis, mi estilo de vida, incluida mi dieta, hábitos de ejercicios, si fumaba y bebía alcohol, qué medicinas tomaba, si me habían operado alguna vez, en especial las cirugías ginecológicas y finalmente, si había sufrido una fractura. Observaron que mis periodos habían sido irregulares y que cinco años atrás me había roto el tobillo simplemente al tratar de volverme bruscamente en la calle: una advertencia temprana si le hubiera prestado más atención.

Después vino el punto importante: el ultrasonido. Tuve que quitarme los zapatos y las medias y me untaron un poco de aceite en los tobillos. Puse cada uno, por turno, sobre una especie de apoyo para talones —sólo un momento— y no sentí nada. Me dieron la respuesta de inmediato, en la forma de una gráfica, con una copia para mi médico familiar. Me sorprendió enterarme de que me encontraba en la zona de riesgo de fracturas.

Luego de una charla acerca de la dieta, complementos y ejercicio, me dieron un folleto que, entre otra información, mostraba el contenido de calcio de una amplia variedad de alimentos. La media hora resultó ser una experiencia agradable, principalmente porque no fue dentro de un entorno de hospital y me proporcionaron la información y la motivación adecuada para que prestara más atención y cuidados a mis huesos. Por cierto, el ultrasonido tiene dos características importantes:

1. No tiene que ver con ninguna radiación, lo cual es importante si hay posibilidad de que esté usted embarazada.
2. La información del examen de los talones nos dice si está usted en riesgo de sufrir una fractura de cadera, pero no nos dice nada acerca de la columna vertebral.

Densidad ósea

Es muy útil conocer su masa ósea o BMD incluso antes de llegar a la edad y la etapa hormonal en la que la pérdida de hueso está afectando su reemplazo óseo, ya que tenemos una medida base para valorar nuestro progreso después. Algunas personas perdemos hueso lentamente al cambio, mientras que en otras esta pérdida es tan rápida que se requiere tratamiento de manera urgente, con posteriores revisiones para ver lo bien que está trabajando.

¿Qué podría hacer que se sometiera a un examen de densidad ósea ahora?

No tiene síntomas y se siente bien, pero:

En las mujeres:

- Episodios pasados en los que el periodo se interrumpió varios meses.
- Periodos irregulares siempre.
- Periodos que comenzaron tarde, a los 15 años o más.
- Presencia temprana de la menopausia, de 45 o menos.

- Haber tenido anorexia nerviosa, aunque ya se haya recuperado totalmente.
- Ejercicio físico excesivo mientras entrena.
- Operaciones ginecológicas, en especial las que involucraron los ovarios.
- Quimioterapia por cáncer en cualquier parte del cuerpo.
- Radioterapia en la región pélvica.

Para cualquiera de los dos sexos:

- Problemas de desarrollo que involucran órganos sexuales.
- Cualquier fractura previa.
- Huesos que se rompen con facilidad.
- Abuso crónico del alcohol.
- Tabaquismo.
- Vida sedentaria.
- Largo periodo de inmovilización después de una lesión o enfermedad.
- Enfermedad de larga duración, por ejemplo, tiroides demasiado activa, mal de Cushing, desorden renal crónico, hemofilia, diabetes dependiente de la insulina, esclerosis múltiple.
- Tomar esteroides o anticonvulsionantes en el largo plazo.
- Infusión prolongada de heparina por problemas de coagulación.
- Descubrimiento casual de osteopenia: huesos transparentes en los rayos X, aunque sin fracturas.

El caso de Alex

Alex estaba molesto porque, a los 55 años de edad, no podía desempeñarse sexualmente y, a decir verdad, había perdido el gusto por ello. A su esposa, que era unos años mayor que él, no le preocupaba la falta de relaciones maritales, pues habían ido disminuyendo con el paso de los años.

Un examen físico mostró que no había nada mal en los órganos sexuales de Alex, pero tenía sobre peso, con una barriga voluminosa y un poco de inflamación en el pecho. Las pruebas de la función mostraron cierto daño y tenía un nivel bajo de testosterona. También sufría hipogonadismo: baja producción de hormonas sexuales. La lenta disminución natural se había acelerado por el efecto del consumo excesivo de alcohol, y la falta de las hormonas sexuales lo colocaron en riesgo de padecer osteoporosis, incluso más que una mujer menopáusica. Era importante revisar el estado de sus huesos ya que podía estar en riesgo de sufrir una fractura.

La empresa para la que trabajaba tenía como prestación para sus empleados un seguro de gastos médicos, por lo que Alex tuvo la posibilidad de hacerse una prueba DEXA de inmediato. Para esta prueba él debía recostarse y mantenerse inmóvil mientras una máquina de rayos X pasaba por encima de él, tomando fotos de todo su cuerpo. Tomó unos 10 minutos, y los resultados mostraron que tenía osteoporosis. Su tratamiento incluyó administración de testosterona, de manera muy similar a la HRT (siglas en inglés de terapia de reemplazo hormonal) para una mujer.

Cómo se diagnostica la osteoporosis

En el pasado, el diagnóstico de la osteoporosis se hacía a simple vista. El cuadro característico era una mujer delgada, encogida, muy encorvada y con joroba.

Revisión instantánea de DIY de la pérdida de hueso

Pida a alguien que le mida la extensión de su brazo, de punta del dedo a punta del dedo, horizontalmente; si es mayor que su estatura, es muy probable que sus vértebras estén cediendo porque el hueso se está debilitando, debido a la osteoporosis, y comprimiendo. Una pequeña parte de la pérdida de estatura se debe al encogimiento de los discos de cartílago entre los huesos.

Baja masa ósea y densidad mineral

La baja masa ósea y densidad mineral siempre van unidas. Son los signos obvios de osteoporosis y predicen la probabilidad de una fractura, junto con todo lo que ello puede significar. Los bajos índices también pueden aumentar en la osteopenia y la osteomalacia, pero éstas básicamente son etapas en el desarrollo de la osteoporosis (vea la p. 15).

Las pruebas

Durante los últimos 50 años se han desarrollado varias técnicas para medir la masa ósea y la BMD, pero en particular en la última década. Todas ellas dependen de una compleja tecnología y su precisión es de vital importante porque los más mínimos cambios en la masa ósea o la densidad reflejan cambios muy grandes en la resistencia de los huesos.

Rayos X

Los rayos X muestran una densidad reducida por un aumento en la transparencia de los huesos, en particular los de la muñeca y la mano. Una placa de rayos X tomada cuando ha habido una fractura, o quizás por un problema en el pecho, a menudo es la manera como se hace el diagnóstico de osteoporosis por primera vez. Lo triste es que cuando este mal puede detectarse en los rayos X, el 40 por ciento de la resistencia mineral ósea ya se ha perdido.

Radiogrametría

Este estudio compara el ancho de un hueso con el ancho de su corteza exterior, dura y, por ende, el ancho de la parte trabecular cancelosa interna. El proceso osteoporótico afecta este tipo de hueso primero y de manera más severa, pero el contenido mineral del mismo se encuentra principalmente en la corteza. Es prueba de una pérdida sustancial del hueso sólido si el ancho total de la parte cortical es menor que la del hueso trabecular. Este método para valorar la osteoporosis es aproximado y sólo funciona para los huesos de longitud conveniente, no se aplica en los casos más severos porque este hueso cortical ya se ha hecho poroso, como el del tipo canceloso.

Morfometría espinal cualitativa

Este término impresionante describe otro método para valorar la densidad ósea a partir de los rayos X. Se ha usado los últimos 50 años y tiene que ver con un sistema de gradación basado en el ordenamiento del andamiaje óseo en el hueso trabecular. Cuando más hueso se va perdiendo, es el trabecular el que se va eliminando, lo cual deja un patrón de rayas verticales.

El Índice Singh

Es un método similar pero que se basa en el ordenamiento de los trabeculares en un triángulo de hueso —el triángulo de Ward— en el extremo superior del hueso del muslo. El índice comprende seis clases, aunque lamentablemente no concuerdan muy bien con los valores de la BMD obtenidos por la técnica DEXA más reciente. Estos dos métodos morfométricos se apoyan, principalmente, en juicios subjetivos.

DEXA: absorciometría de energía de rayos X dual

DEXA es la técnica "estándar de oro" para valorar o medir la densidad ósea. El principio depende de la reducción en número e intensidad de los fotones emitidos por los rayos X mientras pasan a través del hueso y otros tejidos. El material denso —o sólido— atenúa los fotones más que los de una estructura blanda, y es precisamente ese grado de atenuación el que se mide. La máquina DEXA se ajusta de manera que diferencia los huesos de los tejidos blandos y para que mida la solidez de los huesos. Una computadora integrada convierte esto en números y la BMD de los huesos en áreas distintas puede leerse directamente.

La DEXA puede usarse para cualquier hueso del cuerpo y resulta menos afectada que otras formas de rayos X por la cantidad de grasa circundante. Sin embargo, la osteoartritis de la región inferior —lumbar— de la espina, y la calcificación de la aorta, la arteria principal que sale del corazón, pueden interferir con los resultados. Para obtener resultados más confiables, se puede tomar una vista lateral junto con una de adelante-atrás. Esto representa una exposición a mayor radiación, pero la dosis es muy pequeña, puede ser relevante en el caso del primer trimestre de embarazo. La imagen de lado aumenta las diferencias entre el hueso normal y el osteoporótico.

Las fracturas de las vértebras aparecen como áreas más densas del hueso porque el hueso se comprime al irse colapsando parcialmente.

El caso de Tessa

Tessa tuvo periodos excesivamente pesados, en especial después de su tercer bebé, y ella y su médico finalmente decidieron que había que practicarle una histerectomía, pero sin tocar los ovarios para evitarle bochornos demasiado fuertes y otros síntomas de la menopausia. Tenía 38 años, demasiado joven para pensar en la osteoporosis de una manera común, pero su médico quiso conocer el estado de sus huesos al momento de la operación, como base para monitorear cualquier cambio que pudiera ocurrir como reacción a la histerectomía.

Le mandó hacer un examen DEXA. Tessa no tenía que quitarse la ropa pero, como con los rayos X comunes, tuvo que quitarse su joyería. Todo lo que tenía que hacer era recostarse sobre el aparato, básicamente una caja larga, mientras el brazo de rayos X se movía lentamente a lo largo de su cuerpo, unos 45 cm por encima. Todo el proceso tomó menos de 15 minutos y no sintió nada.

La BMD de Tessa para sus caderas y su espina dorsal estuvo cerca del promedio para su edad y sexo, pero va a someterse a otra prueba en unos seis meses a fin de detectar cualquier cambio.

QCT: tomografía cuantitativa computarizada

La QCT es un avance del viejo rastreo CAT o CT, pero también ofrece una imagen que representa los rayos X de una serie de rebanadas transversas y delgadas a través del cuerpo, las cuales pueden integrarse en una imagen tridimensional. A partir de esto, es posible determinar la BMD del hueso en cualquier parte. Las únicas desventajas son los elevados costos del aparato y una mayor dosis de radiación que con los otros métodos. Sin embargo, para mantener la perspectiva en esto, la cantidad de radiación de una QCT es aproximadamente la misma que la de un vuelo a través del Océano Atlántico.

Ultrasonido cuantitativo

La técnica de ultrasonido se conoce mejor por su uso en los nonatos, una garantía de su seguridad en este respecto, comparada con los métodos que involucran la radiación. Funciona mediante el envío de ondas inaudibles —para nosotros— a través del área que se está investigando, y la rapidez con que viajan (velocidad del sonido o VOS por sus siglas en inglés) y la rapidez, también, con la que pierden su fuerza (atenuación) y las superficies contra las que rebotan, como los ecos. El proceso tarda unos cinco minutos, ofrece una respuesta instantánea en las unidades óseas sobre una gráfica y es totalmente seguro e indoloro (vea la p. 80). Su desventaja es que, aunque trabaja bien, usando el hueso canceloso del talón, para valorar la masa ósea de la región de la cadera, en particular en mujeres mayores de 70 años, no es tan útil para examinar la columna vertebral.

La utilidad de conocer su BMD y masa ósea

- Averiguar si tiene usted osteoporosis.
- Monitorear su progreso con el paso de los años.
- Valorar la necesidad de una HRT.
- Revisar el efecto de los esteroides y otros medicamentos de largo plazo.
- Valorar el riesgo de una fractura: existe una línea base para cualquier edad, sexo y masa ósea dados.

Muchos médicos modernos cuentan con un escáner óseo en sus cirugías, por lo general ultrasonidos.

Una condición: las personas demasiado delgadas o demasiado gordas pueden obtener resultados poco confiables de estos métodos de valoración de masa y densidad ósea. Si usted no tiene mucha grasa en su cuerpo, su masa ósea parecerá ser más alta, mientras que si está gordo, entonces parecerá más baja. A medida que uno va envejecien-

do, va acumulando grasa en su médula ósea y esto puede
bastar para distorsionar los valores.

Pruebas de laboratorio

Las pruebas de laboratorio ofrecen información sobre la
salud general de la persona y sobre ciertas enfermedades,
pero dos desórdenes, en particular, pueden ser engañosos,
una tiroides demasiado activa, o tirotoxicosis, y el mieloma.
Sin las pruebas pueden pasar desapercibidas y causar
osteoporosis. Un sencillo análisis de sangre muestra cualquier exceso de tiroxina en la sangre, el cual puede deberse
a una tirotoxicosis o, igualmente, a una prescripción demasiado generosa de la hormona para las personas cuyas glándulas trabajan poco. El mieloma puede detectarse en un
análisis de sangre que muestre anemia y un examen de orina que ofrezca como resultado una pérdida indebida de
proteínas.

Pruebas bioquímicas en la
valoración de la osteoporosis

La osteoporosis establecida viene en dos tipos que probablemente son los extremos opuestos del espectro.

1. *Activo*, en el que hay una tasa acelerada de eliminación y renovación ósea, con pérdida del mineral ósea,
   principalmente el calcio.
2. *Inactivo*, en donde el cambio es lento. La pequeña pérdida extra de calcio en la orina que ocurre mientras la
   resorción realiza la formación del hueso en la edad madura es compensada por un decremento, también relacionado con la edad, en la absorción de calcio por
   parte del intestino. El resultado neto es muy poco o

ningún cambio en el nivel de calcio en la sangre o la orina.

Es importante, cuando elija usted un tratamiento, identificar el tipo activo acelerado porque es más peligroso aunque, por fortuna, también ofrece una mejor respuesta al medicamento, a la calcitonina, particularmente. En estos casos también es urgente tomar en cuenta las medidas de precaución contra una fractura.

La *resorción* ósea se refleja en la orina. Un gran incremento de calcio, la hipercalciuria, ocurre cuando el hueso se está descomponiendo rápidamente, como en la osteoporosis activa y algunas otras condiciones. Otros elementos en la orina son la *hidroxiprolina* y la *piridinolina*. Para calcular la cantidad de calcio, debe reunirse orina de 24 horas, pero dos horas bastan para cualquiera de los otros dos químicos. Si bien es fácil y económico, aunque un poco tardado, medir la cantidad de calcio en la orina, no es muy útil, pues los niveles de calcio varían de un día a otro e incluso de una hora a otra, de acuerdo con lo que uno come, la vitamina D, la horomona paratiroidea, la ingesta de sal e incluso la hora del día.

Las pruebas de hidroxiprolina o piridinolina en la orina son estándar para valorar la rapidez con la que se está llevando a cabo la resorción.

Una prueba de sangre, la BGP, que se refiere a las palabras en inglés para Gla proteína ósea, confirma los análisis de orina. Ambas proteínas se liberan en el torrente sanguíneo cuando el hueso se está descomponiendo. Una tasa elevada de cambio del hueso ocurre en los niños pequeños, que están en crecimiento, después de una fractura, o en la enfermedad de Paget, la cual afecta los huesos de las personas mayores, en particular los del cráneo y la espinilla, que son sometidos a una mezcla de formación ósea muy activa y resorción, lo que da lugar a huesos débiles y grandes, tibios al contacto a través de la piel. Es una especie de osteoporosis.

La *formación ósea* también se acelera, como parte de un ciclo óseo o cambio mayor. Un aumento en la fosfatasa alcalina en el suero es el principal indicio de esto, y está ligeramente elevado en la osteoporosis. Otras causas son:

- una fractura reciente;
- enfermedad de Paget;
- anticonvulsivos y algunos otros fármacos;
- cáncer de hueso secundario.

Osteocalcina

La osteocalcina en una proteína ósea fabricada por los osteoblastos (células constructoras de hueso). La cantidad en el suero se incrementa cuando hay un rápido cambio con formación ósea extra, pero sólo aparece algunas veces en la osteoporosis, por lo que es poco confiable como prueba para el desorden.

De cualquier manera, las pruebas bioquímicas son un tanto inexactas para el trabajo detectivesco en la osteoporosis, pero hay mejoras en el camino. De todos modos, la excelencia de pruebas como la DEXA y el ultrasonido cuantitativo, basados en la física, y la nueva tecnología, compensan todo esto.

7

Tratamiento No. 1: Hormonal

Puede ser como un shock, o si ya tuvo un presentimiento, se siente un escalofrío cuando nos dicen que tenemos osteoporosis. Algo que no debe usted hacer es hacer a un lado información porque se siente bien, no está viejo y lleva un estilo de vida sano. Recuerde que la osteoporosis es una enfermedad silenciosa, que se arrastra hasta usted y, de repente, un hueso se rompe sin ninguna razón aparente, o la espalda comienza a dolerle.

No debe subestimar la importancia del diagnóstico, pero tampoco debe permitir que le deprima, porque siempre hay algo que usted, y su doctor, pueden hacer. Hay suficiente DIY sobre la cuestión de la dieta y el estilo de vida, y un amplio margen de medicinas modernas eficaces para manejar la situación. No es posible recuperar el hueso que se ha perdido, pero los que tiene ciertamente pueden fortalecerse con tratamiento, creando una especie de seguro en contra de fracturas futuras.

Las tendencias del tratamiento

1. El estilo de vida y la diete merecen, cada uno, un capítulo especial (vea los Capítulos 13 y 14). Tienen que ver con la prevención y se aplican sin importar si la persona está siguiendo otra terapia. Tome en cuenta debe tener suficiente cantidad de calcio, vitamina D y ejercicio.
2. El calcio como tratamiento (vea el Capítulo 8).
3. Medicamentos especiales para la osteoporosis (vea el Capítulo 9).
4. Tratamientos hormonales, abordados en este capítulo.

Terapia de reemplazo hormonal (HRT)

Las hormonas sexuales, específicamente el estrógeno en las mujeres, mantienen la resistencia de los huesos; en los hombres se trata de la testosterona. Estas hormonas se encargan de moderar la tasa de cambio óseo y la consecuente pérdida de minerales. La pérdida ósea neta del ciclo resorción/formación da cuenta de menos de un uno por ciento del hueso total, al año, en ambos sexos hasta —para las mujeres solamente— que la menopausia hace su aparición. La reducción en la producción de estrógenos es repentina y sustancial, con un inmediato salto en el índice de pérdida ósea a más del doble: 2 a 3 por ciento al año. En los hombres, los cambios son pequeños y graduales.

La drástica disminución de la resistencia ósea se refleja en el aumento en el número de mujeres de más de 45 años de edad que sufren fracturas luego de un trauma mínimo. Cualquier hueso se rompe bajo cualquier tensión que sea excesiva, y ésta puede ser muy pequeña en los huesos debilitados.

Las fracturas de la muñeca, la cadera y la espina son las más comunes, y así como los efectos nocivos inmediatos, tienen algunos que son de plazo largo. Después de haber sufrido una fractura, hay más probabilidades de sufrir otra, a menos que se tome una HRT, que es básicamente estrógenos con o sin progesterona.

El estrógeno se ha estado dando como tratamiento para la osteoporosis durante más de 40 años, y sus beneficios son enormes: aumenta la masa ósea y la densidad mineral del hueso, reduce un 60 por ciento el riesgo de sufrir una fractura de cadera, y está el beneficio adicional de aumentar la expectativa de vida al mejorar el estado del corazón y las arterias.

¿Cuándo iniciar una HRT?

- Cuando le dicen que tiene osteoporosis, lo cual puede ser antes de la menopausia.
- Después de una histerectomía con extirpación de ovarios, o una operación de ovarios por sí misma. Ésta es una situación más urgente que la menopausia natural porque la pérdida de producción de estrógenos es repentina y total. Si inicia una HRT de inmediato, tal vez logre escapar completamente del dramático efecto menopáusico en sus huesos que otras mujeres tienen.
- Al momento en que aparece la menopausia natural, por lo general a los 51 años en occidente.

La edad no es una regla. La HRT funciona tan bien para la osteoporosis a los 70 que a los 50, y un estudio en mujeres de más de 80 descubrió un 30 por ciento de la reducción en el riesgo de una fractura de cadera si estaban tomando HRT. Las vértebras también quedan protegidas de las fracturas.

¿Cuándo debe dejar de tomar la HRT?

Como la pérdida ósea continúa indefinidamente, el tratamiento se necesita del mismo modo para mantenerla a raya.
Algunas personas han estado tomando HRT más de 20 años
sin sufrir efectos secundarios nocivos. El mayor temor es
que puede provocar cáncer de mama; hay un ligero incremento en el riesgo después de ocho a diez años, y también
de sufrir DVT, siglas en inglés para trombosis de vena
profunda.

Evidencia de deficiencia de estrógenos

Todos los síntomas comunes de la menopausia indican una
deficiencia:

- bochornos;
- sudoración;
- depresión y cambios emocionales;
- mal humor;
- letargo y fatiga, baja concentración;
- insomnio;
- palpitaciones;
- pérdida de interés sexual;
- aumento de peso y grasa;
- dolor y resequedad vaginal;
- piel muy delgada y dolorida;
- mareo: particularmente indeseable cuando existe el
  riesgo de una fractura si la persona se cae;
- síndrome uretral: paso de orina frecuente o urgente, a
  veces con ardor o picazón;
- dolor en las articulaciones; empeora la artritis reumatoide.

Los huesos pueden estar sufriendo aunque no tenga usted
ninguno de estos síntomas.

Cómo tomar la HRT

Las tabletas diarias son la forma más común, como con la mayoría de las medicinas que tomamos, pero la HRT también puede absorberse a través de la piel, a partir de un parche, y este método es bastante popular. También existen las presentaciones en inyecciones y aplicaciones vaginales, pero no son apropiadas para el uso de largo plazo.

Tabletas

Si el útero y los ovarios de la mujer siguen intactos, cuando inicie la HRT necesitará tomar progesterona y estrógenos. El estrógeno por sí solo causa una acumulación en el revestimiento del útero, la cual, si no se atiende, puede dar lugar a varios problemas, incluido en cáncer. La progesterona provoca un encogimiento de dicho revestimiento y puede tomarse como una tableta separada durante 10 a 12 días cada mes o cada tres meses. Asimismo, la progesterona puede incorporarse en una tableta con el estrógeno, pero si se administra por separado, la mujer tendrá un sangrado parecido al periodo menstrual, y con la tableta combinada no habrá sangrado después de los primeros tres o cuatro meses.

Si ha sufrido usted una histerectomía, no debe preocuparse por los periodos, naturales o inducidos por un medicamento hormonal, por lo que puede tomar estrógenos por sí solos.

El Premarin, el Harmogen y la Progynova se encuentran entre las tabletas que sólo tienen estrógenos; el Kliofem y la Primique son ejemplos de un tratamiento combinado continuo, mientras que con el Climagest, el Femak y el Prempak-C, la parte de la progesterona se añade por separado.

Los parches

Existe un método alternativo para tomar progesterona después de la menopausia: pegarse un parche de material impregnado de estrógenos sobre un área limpia de la piel, sin vello, en cualquier parte debajo de la cintura, y cambiarlo, en un nuevo lugar, todos los días (Sandena), cada tres a cuatro días (Dermestril) o cada siete días (Progynova TS). Si la mujer conserva el útero, debe tomar progesterona 10 días cada mes, ya sea como tableta o como un parche diferente.

Cabe mencionar que los parches tienen ciertas ventajas. Administran el estrógeno de una manera más constante y suave que las tabletas, y una pequeña dosis de estrógeno llega al hígado, lo cual es bueno para personas con alguna enfermedad hepática o con cálculos biliares; sin embargo, el estrógeno tomado por vía oral tiene un efecto benéfico en el corazón y los vasos sanguíneos.

Los implantes

Se trata de un método simple y sin problemas para quienes han sufrido una histerectomía con extirpación de ovarios. Los implantes duran seis meses.

Contraindicaciones

No todo el mundo puede tomar una HRT de manera segura.

Contraindicaciones absolutas

- Cáncer de mama o útero.
- Embarazo.
- Sangrado vaginal no diagnosticado.
- Melanoma.
- Enfermedad hepática grave.

Contraindicaciones relativas

- Tensión arterial muy alta.
- Migraña.
- Cálculos viliares.
- Diabetes.
- Enfermedad hepática leve.
- Cáncer de mama o útero previo.
- Trombosis de vena profunda (DVT) o embolismo previos.
- Endometriosis.
- Fibromas.

En estos casos son necesarios cuidados extra y revisiones médicas frecuentes. Si se programa una cirugía mayor, debe haber un espacio de seis semanas sin medicamento antes y después de la operación.

Condiciones que ya no se consideran contraindicaciones

La HRT es buena para la osteoporosis, para los síntomas de la menopausia y también para el corazón y los vasos sanguíneos. En términos estadísticos, las mujeres que toman HRT viven más tiempo, y esto incluye a las que tienen osteoporosis, lo cual significa que la HRT es buena para varios trastornos que a menudo se han considerado como contraindicaciones en su uso.

- Tensión arterial alta.
- Ataque cardiaco previo, enfermedad cardiaca isquémica.
- Antecedentes familiares de males cardiacos.
- Angina.
- Venas varicosas y trombosis venosa superficial.

- Fumar mucho; obviamente, lo ideal es que deje el hábito, pero no es excusa para no tomar el tratamiento para la osteoporosis mientras tanto.

Advertencias y efectos secundarios

Si está tomando una HRT, suspéndala de inmediato si tiene alguno de los siguientes síntomas, o si cree estar embarazada:

- dolores de cabeza tipo migraña (de un lado, con náusea y visión alterada) que ocurren por primera vez;
- dolores de cabeza severos, de cualquier tipo;
- alteraciones visuales repentinas;
- aumento en la tensión arterial desde que inició la HRT;
- ictericia.

Efectos secundarios molestos pero no peligrosos:

- malestar estomacal;
- náusea y vómito;
- sensibilidad en los pechos;
- aumento de peso;
- dolores de cabeza leves, mareo;
- sangrado nasal;
- comezón en la piel.

El caso de Erica

Erica tenía 52 años cuando resbaló y cayó contra una mesa, rompiéndose dos costillas. Sanó pronto, pero en esa misma época comenzó a tener punzadas de dolor severo en la espalda baja. La fisioterapia no ayudó mucho, y los rayos X mostraron que sus huesos estaban más transparentes de lo normal, por lo que el médico le mandó hacer una DEXA, la cual reveló una osteoporosis inconfundible.

Un problema era que Erica tenía un fibroma grande, que no estaba causando problemas y por el que Erica no quería someterse a una cirugía. Estaba iniciando un programa de estrógenos/progesterona secuencial en una tableta. La progesterona se daba durante la última parte del ciclo. Todo iba bien al principio, pero después Erica tuvo un "periodo" excesivamente abundante y el mes siguiente el sangrado no sólo volvió a ser abundante, sino doloroso. La HRT no era para Erica a menos que se le practicara una histerectomía. Ella no quería perder el útero, pero el fibroma era demasiado grande y difícil de eliminarse solo. Erica está tomando *etidronato*, una de las medicinas bisfosfonatos, y va bien (vea la p. 127).

El caso de Margaret

Margaret, de 74 años, era la mamá de Erica. Había perdido bastante estatura y comenzaba a formársele una giba en la espalda. No había tratamiento que le ayudara a enderezarse, y como tenía una vaginitis atrófica —resequedad vaginal debida a la falta de estrógenos— parecía lógico para ella que se le administrara una medicina que beneficiara ambas condiciones. Comenzó con una dosis baja —en días alternados— de tobolone (Livial), un pseudo estrógeno sintético, apropiado para las mujeres cuya menopausia ha pasado mucho tiempo atrás. No tuvo efectos secundarios nocivos, sino, más bien, después de cuatro meses, siente cierta mejora en ambas áreas.

Anorexia nerviosa

Esa enfermedad obsesiva de matarse de hambre, que afecta principalmente a las adolescentes, evita la construcción de una buena masa ósea en el largo plazo. En los casos severos, incluso puede provocar una osteoporosis juvenil, lo cual queda demostrado por la ocurrencia de fracturas inesperadas, y confirmado por la valoración BMD. Algunos expertos han considerado que la HRT sería útil en estos casos, y han tenido cierto éxito, mientras que otros la han intentado, con bajos resultados. De hecho, la hormona es irrelevante comparada con la urgente necesidad de recuperar el peso de la chica, cuando sea más capaz de producir su propio estrógeno a partir de la grasa natural, el colesterol.

Los hombres

Los hombres tienen menos probabilidades que las mujeres de sufrir una caída importante en la producción de su hormona sexual, y esto se refleja en su menor probabilidad de tener una fractura osteoporótica. El riesgo de fractura de cadera en toda la vida de una mujer (blanca) es del 15 por ciento, mientras que para el hombre es del 5 por ciento. El riesgo de fractura de muñeca en toda la vida para una mujer es, también, del 15 por ciento, y para el hombre del 2 por ciento.

La pérdida ósea para los hombres se encuentra en un 0.3 por ciento al año, aumentando ligeramente a una mayor edad, mientras que para las mujeres se trata de un 2.2 a 3 por ciento alrededor de la menopausia; sin embargo, los hombres no son inmunes a la escasez de las hormonas sexuales, y ha quedado demostrado que el nivel de testosterona se correlaciona negativamente con la BMD, al menos en el área de la cadera. El hipogonadismo puede ocu-

rrir en relación con el desarrollo y luego de una pubertad
tardía. Fumar mucho (tres o más cajetillas al día) o beber
alcohol en exceso puede causarlo, con una marcada pérdida ósea, y la medicación con esteroides en el largo plazo
tiene un efecto perjudicial mayor. Finalmente, si bien la
mayoría de los varones muestran una disminución leve, en
algunos de ellos su producción de hormona sexual se reduce drásticamente en la edad madura, y por razones que no
son obvias. Esto recibe el nombre de osteoporosis *idiomática,*
término médico para "no la entendemos". Aparte del déficit hormonal, en hombres mayores de 50 años, como con
las mujeres, la absorción de calcio del intestino es menos
eficiente, y ellos necesitan mantener el suministro de calcio
y vitamina D en los años seniles cuando corren el riesgo de
sufrir cierto grado de osteoporosis.

La testosterona

Es el equivalente masculino del estrógeno y puede usarse
en tratamiento, aunque no es tan fácil tomarla, pues las tabletas no funcionan y eso deja sólo dos opciones:

- inyecciones dos a cuatro veces a la semana;
- parches, aplicados en el escroto;
- un implante.

La mayor desventaja del tratamiento de testosterona es que
tiende a provocar un aumento de tamaño de la glándula
próstata, lo cual ya es un problema en muchos hombres, de
la edad madura en adelante. Otros posibles efectos secundarios son un aumento, quizás indebido, en el interés por
el sexo y agresividad.

La pubertad tardía en los hombres, que está relacionada con un hipogonadismo, puede tratarse con inyecciones

de testosterona, pero por lo general funciona mejor con un esteroide anabólico, como la nandrolona.

SERMS

Siglas en inglés para Moduladores Receptores de (O)Estrógeno Selectivos, que son un nuevo tratamiento. La única presentación disponible por el momento es la raloxifena (Evista), que es un fármaco sintético que imita al estrógeno en su acción contra la osteoporosis, en particular de la espina, reduciendo el colesterol y contrarrestando los males del corazón y las arterias. Al mismo tiempo funciona como anti estrógeno en su acción en la mama y el útero, en donde reduce el riesgo de cáncer. Un ganador a todas luces.

La raloxifena se recomienda específicamente y está autorizada para ser usada por mujeres que ya han tenido la menopausia, con una BMD baja en las vértebras y con una elevada probabilidad de sufrir deformidades y dolor en la espalda. La persona sólo necesita tomar una tableta al día.

Contraindicaciones

No se debe tomar raloxifena si se tiene:

• enfermedad hepática severa;
• enfermedad renal severa;
• cáncer de mama o de útero;
• sangrado inexplicable de la vagina;
• coágulos sanguíneos previos;
• desorden crónico con probabilidad de permanecer en cama mucho tiempo.

Precauciones

- Asegúrese de ingerir suficiente calcio mientras toma esta medicina.
- Asegúrese de no tomar ninguna otra medicina que contenga estrógeno (excepto los ungüentos) o colestiramina (Questran).

Efectos benéficos

- Mejora en la BMD.
- Reducción de 50 por ciento en el riesgo de fracturas en la espalda, la cadera y otros huesos.
- Menor riesgo de ataque cardiaco.

Posibles efectos secundarios

Es muy probable que tenga uno de los siguientes:

- bochornos y otros síntomas menopáusicos;
- calambres en las piernas;
- tobillos inflamados;
- coágulos sanguíneos, riesgo similar a HRT.

El caso de Claire

Claire tenía 55 años de edad, tres años desde su último periodo, y no se quejaba de tener molestias. Sus antecedentes médicos familiares incluían a un padre que había sufrido angina, un tío que había muerto de una coronaria y una tía y una abuela que habían padecido cáncer de mama. Su médico no debía recibir HRT debido a esta historia familiar, pero también era necesario evitar la osteoporosis. Las mamografías regulares mostraron que Claire tena pechos totalmente normales, y que el único punto de interés era su tensión arterial: el límite elevado a 150/88. Había leído algo acerca de la reloxifena y estaba ansiosa por probarla, pero el especialista no se la prescribió. Aunque en teoría habría sido ideal para la situación de Claire, todavía no había suficiente evidencia para sentirse totalmente confiados en su uso en personas con antecedentes de cáncer de mama.

Claire, junto con su médico, calificó para una de las medicinas bisfosfonatas cuando un escaneo de densidad ósea mostró que estaba en riesgo de sufrir una fractura. Hasta entonces, no había tenido problemas de huesos.

Calcitonina

Esta hormona se descubrió en 1961 y, 30 años después, se introdujo en el tratamiento de la osteoporosis. La produce la glándula tiroides junto con las otras dos hormonas tiroideas, pero en vez de estar bajo el mando central, es controlada a través del calcio que se encuentra en la circulación. Un alto nivel de calcio se relaciona con un aumento en la liberación de calcitonina, y viceversa. Esta hormona evita la resorción al inhabilitar a los osteoclastos. En esto tiene el efecto opuesto a la hormona paratifoidea, la cual estimula la descomposición del hueso.

Si usted tiene una abundante cantidad de calcio en su dieta: queso, leche, yogurt, verduras de hojas verdes, esto provoca una disminución en la hormona paratifoidea y un aumento en la absorción o retención de calcitonina en el hueso, en particular en los hombres. Las mujeres, de hecho, pueden pasar toda la vida produciendo suficiente calcitonina para proteger sus huesos de los osteoclastos. Los análisis de sangre muestran que las mujeres postmenopáusicas con osteoporosis tienen un producción muy reducida de esta valiosa hormona y una reserva reducida.

Tratamiento con calcitonina

Su primer uso no fue para la osteoporosis, sino en:

- enfermedad de Paget del hueso;
- hipercalcemia (exceso de calcio en la sangre) por alguna causa, por ejemplo, tirotoxicosis, diversos tipos de cáncer, en particular mieloma, paratiroides hiperactiva;
- toxicidad de vitamina D en casos de dosis excesivas;
- inmovilización, de largo plazo, como en los parapléjicos;
- medicinas esteroides de largo plazo.

En 1989 la calcitonina fue finalmente reconocida como un tratamiento útil en la osteoporosis. Los efectos de la terapia de calcitonina en la osteoporosis son:

- menos descomposición ósea;
- menos pérdida de hueso;
- mayor masa ósea;
- remodelación, con el tiempo, de los huesos deformados;
- mejor calidad ósea de acuerdo con la valoración por ultrasonido, BMD elevada;
- menor riesgo de nervios pellizcados en la espina.

La calcitonina es particularmente eficaz en la osteoporosis activa con una pérdida rápida de hueso, por lo que es útil, antes de decidir el tratamiento, para averiguar qué tipo tiene usted (vea la p. 39). La osteoporosis se reconoce mediante:

- análisis de orina para hidroxyprolina o piridinolina;

- análisis de sangre de BGP, siglas en inglés para proteína GLA ósea (bone Gla protein).

Efecto calmante del dolor

El dolor agudo de las vértebras comprimidas y fracturadas se alivia con la calcitonina en el 75 por ciento de los casos, con el método natural de estimular la producción de los propios calmantes del dolor del organismo, las endorfinas. Ayuda en el dolor de espalda crónico si se debe a la osteoporosis.

Los principales usos de la calcitonina hoy

- En la osteoporosis de mujeres después de la menopausia para quienes está contraindicada la HRT o que están ansiosas debido a antecedentes familiares o personales de cáncer de mama o de útero. También se aplica a las que tienen una tiroides hiperactiva o están bajo terapia con esteroides.
- Como medida preventiva para atletas que ponen en riesgo sus huesos por hacer demasiado ejercicio y no quieren el efecto de la HRT que puede engordarles.
- Después de una ooforectomía —extirpación de los ovarios— es tan eficaz como el estrógeno en esta situación de deficiencia de estrógenos.

Cómo tomar la calcitonina

Por lo general se toma como salcatonina (Calcinar, Miacelcic). Es una forma sintética de la calcitonina de salmón, la cual tiene un efecto más fuerte el la variedad humana. La principal desventaja es que no se puede tomar por vía oral, y eso deja tan solo dos posibilidades:

1 Inyecciones, de preferencia subcutáneas, es decir, por debajo de la piel y no dentro del músculo. Se necesita una dosis cinco veces a la semana para el dolor de hueso, de tres a cinco veces para osteoporosis sin dolor. La mayoría de la gente aprende pronto a ponerse las inyecciones.

2 Aerosol nasal, apenas recientemente introducido en el Reino Unido, pero bien establecido en Estados Unidos. Esta presentación debe usarse todos los días, y es tan eficaz como la inyección, pero con una dosis total menor.

Cualquiera que sea el método que se use, las mejoras en la BMD, en particular en la espalda, comienzan a notarse en seis a ocho meses, con una reducción mensurable en el riesgo de fracturas después de 18 a 24 meses. A veces la respuesta benéfica al tratamiento se detiene en esta etapa, y algunos especialistas entonces cambian a un sistema de tratamiento alternando años, con la esperanza de lograr el mejor efecto de largo plazo. El dolor debido a una fractura de compresión se reduce en la primera parte del tratamiento y, por lo general, no regresa a menos que haya una lesión. El restablecimiento del hueso roto es más rápido con este tratamiento.

Efectos secundarios

En general son menos probables con la presentación en aerosol que con las inyecciones, y menos probable con las inyecciones subcutáneas que las intramusculares. Ninguno de los efectos secundarios tiene la probabilidad de persistir.

- Dolor en el sitio de la inyección: en un 10 por ciento.
- Irritación nasal: en un 12 por ciento.

- Rubor en la cara: en un 8 a 10 por ciento.
- Náusea: en menos de 3 por ciento: puede prevenirse tomando la medicina a la hora de acostarse, con un antiemítico.
- Muy ocasionalmente hay presencia de vómito y diarrea.

El caso de Helen

Helen tenía 84 años, delgada pero dinámica. Vivía sola y estaba acostumbrada a vivir bajo sus propios cuidados personales y culinarios. Una de las labores más pesadas para ella era ir de compras. Su salud había sido buena y la única operación a la que se había sometido fue una histerectomía por pérdidas fuertes a los 44 años de edad. En aquella época, la HRT no era de uso general y su médico no se la sugirió.

Había estado sufriendo dolores constantes en la región lumbar, y la pierna izquierda estaba un poco artrítica. En un viaje de compras, cuando el pavimento estaba húmedo, se resbaló pero logró sostenerse al sujetarse de un puesto de periódicos. Fue después de esto que comenzó a tener dolores fuertes en la espalda. Su médico le dijo que tenía el síndrome de dolor en la espalda baja y le explicó que un buen número de mujeres mayores tenían osteopenia pura, un adelgazamiento de los huesos sin el rompimiento de su estructura que significa osteoporosis. La osteopenia sola no causa dolor, o podría tener artritis en la espalda, así como en la rodilla, y esa podría ser la causa de su dolor. Los rayos X mostraron artritis, pero también la forma aplanada de las vértebras osteoporóticas comprimidas, con una distintiva forma acuñada, presumiblemente de una lesión específica al inclinarse. La prescripción común para la artritis es uno de los fármacos antiinflamatorios no esteroides (NSAIDs) como el ibuprofeno, si el paracetamol no es eficaz, pero Helen tenía una osteoporosis clara con indicaciones de haberse dañado un hueso cuando casi se cae. La más mínima lesión es suficiente para romper un hueso osteoporótico.

Ella no quiso iniciar la HRT a su edad y le preocupaba lo que había escuchado acerca del fluorido, por lo que se decidió por las inyecciones de calcitonina y seguir todos los consejos para evitar caídas (vea la p. 167). Seis meses después, el dolor de la espalda había casi desaparecido y está tratando de suspender el medicamento, y tomar complementos de calcio y vitamina D.

Otras hormonas

Tamoxifen

Es un antiestrógeno que se usa en el cáncer de mama y cuando existe algún riesgo alto de padecerlo, a fin de contrarrestar la influencia del estrógeno. Tiene efectos contradictorios en el hueso, no todos malos, como podría esperarse. Si usted ya ha pasado la etapa de la menopausia y, por lo tanto, no está produciendo mucho estrógeno, el tamoxifen posee un efecto protector en los huesos, pero aún no se sabe cuál puede ser su efecto en mujeres más jóvenes con abundantes estrógenos. El Tamoxifen puede ser útil en algunas mujeres posmenopáusicas que no pueden tomar estrógenos. Los principales efectos secundarios son los bochornos, dolor de cabeza, molestias estomacales y hepáticas, problemas en los ojos, sangrado de la vagina y un aumento en el riesgo de la formación de coágulos. Los últimos tres son señales de advertencia para suspender el medicamento.

Progesterona

Es un progestógeno que a veces se usa sin estrógeno como anticonceptivo. Posee un efecto deteriorante de la masa ósea, y las preparaciones de depósito son particularmente nocivas, en especial en las mujeres jóvenes que todavía deben estar acumulando sus reservas óseas. El acetato de medroxi-progesterona, MPA por sus siglas en inglés, es una excepción: no interfiere con los efectos benéficos del estrógeno y, por sí mismo, previene los bochornos y la sudoración. Algunos otros progestógenos tienen un efecto anabólico —es decir, de construcción de tejidos— pero no se usan en la osteoporosis.

Hormona del crecimiento

Como podría esperarse, la producción de esta hormona alcanza su punto máximo durante el crecimiento acelerado de la adolescencia y declina a medida que vamos envejeciendo. Se ha sugerido que la falta de hormona de crecimiento afecta negativamente la resistencia del esqueleto con el paso del tiempo. En particular es un suministro corto en los hombres de edad avanzada con osteoporosis idiomática (sin explicación). Una dosis de seis meses de inyecciones lleva a un aumento en el músculo, la grasa, el grosor de la piel y la densidad ósea, en particular en la espalda. Sólo es apropiada para los hombres mayores.

Esteroides anabólicos

El estanozolol y la nandrolona son los de uso más común. Provocan un incremento en el músculo y una disminución de las grasas, con mayor movilidad y confianza, es por eso que son usados por los deportistas. Aumentan el calcio total en el cuerpo y la BMD en las vértebras, además de que reducen el número de fracturas, y luego de tres años son más eficaces que la HRT. Se administran mediante una inyección mensual.

Como son derivados de la testosterona, es comprensible que puedan tener un efecto en el crecimiento del vello facial y la profundidad de la voz, y son estos efectos secundarios los que provocan que el 30 por ciento de las mujeres los suspendan, a pesar de sus efectos benéficos en la osteoporosis, en particular el dolor de espalda. Los efectos virilizantes no son una desventaja para los hombres mayores. Entre otros posibles efectos secundarios se incluye el acné, una mayor libido, retención de líquidos y problemas hepáticos, incluidos los tumores y el hepatoma.

Otros fármacos

Fluorido

Cantidades mínimas, una parte por millón en el suministro de agua, han demostrado fortalecer los dientes. También parece haber menos fracturas de las vértebras en las áreas en donde al agua se le agregó fluorido. Por tal motivo, se ha usado como tratamiento en la osteoporosis.

Una de sus ventajas es que estimula la formación ósea, pero hay dudas respecto a la estructura del hueso trabecular producido, el tipo más susceptible de fractura en la osteoporosis. Sin embargo, del 30 al 60 por ciento de las personas con osteoporosis que toman fluorido de largo plazo muestra una mejora en la densidad ósea, como lo demuestran los rayos X y, luego de cinco años pueden alcanzar valores normales. Una mezcla de fluorido, calcio y vitamina D, tomada durante tres meses o más alivia los dolores de espalda debidos a la osteoporosis, pero hay otras causas para esta queja común.

Una de las desventajas que han minado el entusiasmo por el tratamiento con fluorido es la estadística que señala que, si bien hay una disminución en las fracturas de vértebras, riesgo de fracturas de muñeca, cadera y otras en realidad aumente y, después de que una vértebra se fractura, no hay disminución en el riesgo de recurrencia. En general, el fluorido proporciona alguna protección en contra de las fracturas de compresión, pero no aquellas provocadas por torceduras o por inclinarse o agacharse. Otra dificultad es probar la dosis más eficaz. Si bien las dosis pequeñas a moderadas fomentan la resistencia ósea, las dosis grandes la reducen.

Entonces, por supuesto, hay efectos secundarios, que pueden empeorar si el fluorido se toma en forma líquida y no en tabletas. Se presentan con frecuencia, pero no durante un periodo largo, e incluyen:

- irritación del sistema digestivo: náusea, vómito, dolor y diarrea;
- sangrado del tracto digestivo, lo suficientemente severo para provocar anemia;
- dolor de huesos;
- dolor de articulaciones;
- daño renal, rara vez.

Aunque el fluorido todavía no ha sido aprobado oficialmente como tratamiento para la osteoporosis, se está trabajando por obtener una preparación de lenta liberación.

Diuréticos thiazida

Las tabletas de agua thiazida son un tratamiento económico y eficaz para la alta tensión arterial. Tienen el beneficio adicional —para los que padecen osteoporosis— de reducir la cantidad de calcio que pierde el cuerpo en la orina, lo cual conduce a un aumento en la densidad ósea, demostrado en estudios hechos en la muñeca y los talones de personas mayores. Quienes han usado la thiazida durante seis años o más hay una reducción del 30 por ciento en el riesgo de fractura de cadera.

Una de las desventajas de las thiazidas es que disminuyen la cantidad de vitamina D en el torrente sanguíneo, así como la cantidad de calcio absorbido del intestino, y puede provocar pérdida de magnesio al organismo, lo cual altera el ritmo cardiaco.

El caso de Samson

Samson tenía hypercalciruia —exceso de calcio en la orina— debido a un efecto directo de un exceso de hormona tiroidea. Iba por buen camino para sufrir osteoporosis a los 55 años de edad. Además de la tiroides hiperactiva, y aunado a eso, tenía tensión arterial alta —160/99, sin tratamiento. Su médico le prescribió tabletas de carbimazole para controlar su tiroides hiperactiva, y para su presión alta, bendrofluazida, un diurético de thiazida. Él último, en opinión de él, contrarrestaba la pérdida excesiva de calcio cuando ya no había un exceso de hormona tiroidea, y protegía su resistencia mineral ósea. A Samson se le advirtió respecto al consumo de alcohol. El médico sabía que no estaba tomando ninguno de los fármacos incompatibles como litio, barbituratos o antiinflamatorios.

Cuando Samson estuvo bajo medicamento durante seis meses, tuvo una prueba de densitometría ósea y un cálculo de tiroxina. El nivel de tiroxina estuvo un poco por debajo de lo normal, y el resultado de su BMD lo colocaron libre del nivel de riesgo para fracturas osteoporóticas. Su progreso será monitoreado cada tres o cuatro meses, en caso de que el medicamento necesite algún ajuste.

8

Tratamiento No. 2: Calcio

El calcio es el tratamiento de primera línea para la osteoporosis. Todo el mundo sabe que un adecuado abastecimiento de calcio es una obligación para tener huesos sanos, y que la mayor parte de ese calcio —el 75 por ciento— proviene de los productos lácteos. La leche, entera, descremada o semidescremada, y el queso son las fuentes más ricas, excepto en el caso del queso cottage, que se queda atrás, por toda esa reputación que tiene de ser "bueno para usted".

La triste verdad es que las personas que viven en occidente han reducid su ingesta de estos valiosos alimentos durante los últimos 40 años, en parte debido al temor al colesterol y en parte por sus esfuerzos en perder peso. Esto último se aplica particularmente en las chicas adolescentes que quieren mantenerse delgadas. Un refresco de dieta de una caloría está perfecto, pero no así un batido de leche. Casi todas las adolescentes están tomando menos del requerimiento mínimo de calcio, sin pensar que están dando paso a la osteoporosis, más tarde si no ahora. Aquellas que sufren una verdadera anorexia nerviosa también están dando paso a la osteoporosis con fracturas inesperadas.

Los complementos de calcio, con su compañera la vitamina D, son el tratamiento esencial para estas jóvenes y para las demás personas cuya dieta les proporciona una cantidad escasa de estos elementos para mantener la resistencia de su esqueleto, a pesar de la abundancia de alimentos a su alrededor. El requerimiento de calcio varía de acuerdo con la época de vida (o la edad).

Del nacimiento a la juventud

Los bebés y los niños tienen una dieta basada en leche y todo el calcio que necesitan. Los adolescentes establecen el 60 por ciento de su masa ósea adulta durante dos o tres años vitales entre los 12 y los 16 (las chicas), y los 14 y los 18 (los varones). A los 18 años, las mujeres tienen el 95 por ciento de su máxima masa ósea, pero con una abundante cantidad de calcio pueden agregar un poco más unos 10 años más. Los hombres construyen su masa ósea de manera constante hasta los 30 años aproximadamente, sin interrupciones como adelgazamiento, embarazo o lactancia. También benefician a sus huesos al hacer más ejercicio que las chicas, en general. Su masa ósea pico, la póliza de seguro en contra de la osteoporosis posteriormente, es sustancialmente más elevada que la de las damas.

Durante el periodo de crecimiento óseo en la adolescencia, el calcio, junto con la vitamina D, es el material esencial de construcción, además de que ayuda a conservar los minerales óseos, ya que reduce la tasa de reemplazo o cambio de hueso. Los complementos también pueden beneficiar durante la adolescencia y ha quedado demostrado que dan lugar a un pico de masa ósea más alto en los jóvenes normales.

Requerimientos de calcio posteriores

El cuerpo posee su propio mecanismo automático para corregir una insuficiencia de calcio, y reacciona aumentando la producción de la hormona paratifoidea, lo que, a su vez, incrementa el calcio que absorbe el intestino, además de que eleva la cantidad que conservan los riñones e impiden que sea expulsada en la orina.

El sistema funciona bien entre los 25 y los 45 años de edad, cuando no existen las demandas extra de la adolescencia, y antes de la caída drástica de los estrógenos en la menopausia. De los 45 en adelante, en el camino a los cambios, los ovarios poco a poco dejan de funcionar y de liberar óvulos junto con las hormonas sexuales. Pero este cambio se acelera y se da una pérdida fuerte de calcio. Los hombres de hasta 65 años de edad y las mujeres antes de la menopausia pierden aproximadamente 20 g de calcio al día, los cuales son reemplazados por los alimentos de la dieta. Con la menopausia, la pérdida aumenta a 60 g de calcio diario, pero nadie comienza a ingerir, de repente, tres veces su consumo de calcio. Esta tasa elevada de pérdida continúa durante seis o siete años antes de detenerse, y ése es el periodo en que deben tomarse complementos de calcio.

El periodo perimenopáusico

Alrededor de la menopausia, casi todas las mujeres se encuentran en el borde de la osteoporosis; algunas de ellas sucumben a la enfermedad y sufren fracturas por traumas sorprendentemente menores. Tal vez usted no se dé cuenta de lo que le está sucediendo a sus huesos, por lo que éste es un buen momento para revisar, lo mejor que pueda, cuánto calcio está consumiendo en su dieta. Necesita unos 1,000 mg al día si está bajo HRT, o 1,500 si no. El calcio extra le ayudará a conservar su densidad ósea en esta edad, pero lo que más necesita es estrógeno, a través de una HRT si es posible.

Unos cinco años después de la menopausia, la tasa de pérdida de hueso —y de calcio— se reduce un poco y se establece en una merma continua y constante, hombres y mujeres por igual; sin embargo, la pérdida ósea nunca llega a una interrupción total. El agradable acuerdo compensatorio que le ahorraba calcio en los años de edad madura, ya no funciona a medida que uno va envejeciendo, y esto en parte se debe a que la absorción ya no es tan buena, y en parte a que los riñones son menos eficientes para conservar el calcio.

La Tercera Edad

Las personas que se encuentran entre los 70 y los 80 años de edad, e incluso mayores, necesitan más calcio y vitamina D del que pueden obtener de la dieta. Los suplementos de calcio definitivamente les ayudan, y nadie es demasiado viejo para beneficiarse de ellos. En un estudio reciente, a varias personas que tienen osteoporosis y un promedio de edad de 84 años, se les proporcionaron 1,000 mg de calcio y 800 mg de vitamina D y fueron estrechamente vigiladas. Luego de seis meses, sus huesos mostraron una mejoría y, transcurridos 18 meses, hubo una disminución en todos los tipos de fractura además de los de las vértebras, pero incluido un 30 por ciento de menos riesgo de fractura de cadera. También hubo cierta disminución en el número de fallecimientos, comparado con los de personas que no tomaron medicamento (eran demasiado vejas para tener una gran expectativa de vida).

El calcio funcionó más rápidamente en reducir el riesgo de fractura que cualquiera de las medicinas farmacéuticas.

Cómo tomar calcio

Hay una amplia selección de preparaciones:

- Tabletas de diversas sales de calcio, principalmente con vitamina D incluida. El carbonato de calcio es el que más se usa, pero el citrato de calcio es particularmente útil en las personas con insuficiencia de ácido estomacal.
- Tabletas masticables, por ejemplo Calcichew.
- Bebidas con calcio.
- Calcio en jarabe.
- Calcio con jugo de naranja.

Contraindicaciones

No tome calcio si los análisis muestran que usted tiene:

- hipercalcemia (demasiado calcio en la sangre);
- hipercalciuria (demasiado calcio en la orina);
- piedras en los riñones;
- sarcoidosis.

Diabetes

Tenga especial cuidado si padece usted diabetes y revise su nivel de azúcar en la sangre con mucho cuidado. Si está tomando otras medicinas para la osteoporosis, averigüe si debe tomarlas a una hora distinta del calcio.

Interacciones

El calcio puede interactuar con:

- tetraciclina;
- tabletas de agua de thiazida (vea p. 114);

- complementos de fluorido (vea p. 113);
- esteroides;
- barbituratos;
- hierro;
- digoxina.

También puede interactuar con altas dosis de vitamina D y bisfosfonatos (importantes medicinas contra la osteoporosis) (vea p. 127).

Efectos secundarios

Por lo general no hay ninguno, pero las posibilidades incluyen:

- molestias estomacales, indigestión;
- estreñimiento;
- hinchazón.

Para lograr la máxima eficacia, es mejor tomar el calcio a la hora de irse a la cama, pues por la noche se da un incremento en el reemplazo o cambio óseo y una mayor pérdida de calcio en la orina, a menos que tome un complemento por la noche.

Hidroxiapatita (Ossopan)

Esta medicina se deriva directamente del hueso y proporciona calcio y fosfato. Viene en bolsas y debe tomarse dos veces al día antes de los alimentos, la segunda vez por la noche.

Las únicas contraindicaciones son la hipercalcemia y la hipercalciuria, pero deben monitorearse con mucho cuidado en el caso de piedras en los riñones o una alteración renal grave. No se describen efectos secundarios.

El caso de Kirsty

Kirsty era una mujer ecológica, feminista y romántica. Compraba su comida en una tienda naturista y era prácticamente una estricta vegetariana por cuestión de principios. Eliminó de tajo los productos lácteos y los huevos, entre otros nutrientes. Era alta y muy delgada, esbelta en su juventud, pero descarnada a los 53.

A ella y su amiga, con opiniones similares, les gustaba estar cerca de la naturaleza y salían a caminar los días de fiesta, abarcando kilómetros y kilómetros y sintiéndose plenas y sanas. Kirsty apenas pudo creerlo cuando le dijeron que tenía dos costillas rotas. Había sentido un dolor agudo en el pecho durante un ataque de risa… que no se le quitó. En el hospital descubrieron puntos localizados de dolor y sensibilidad en las costillas y los rayos X mostraron que varias de sus vértebras se estaban desmoronando, aunque su espalda no se había lastimado hasta ahora. El diagnóstico fue una osteoporosis moderadamente severa, es decir, que la enfermedad no habría podido percibirse en los rayos X comunes sin que hubiera una pérdida de 35 a 40 por ciento de la sustancia ósea.

Aunque sus periodos habían cesado unos tres años antes, Kirsty no había recibido HRT porque le parecía que "no era natural" y no estaba dispuesta a tomarla ahora tampoco. También rechazó la otra sugerencia del médico: alendronato (un bisfosfonato). Kirsty no creía en la medicina tradicional, así que recurrió a un poco de aromaterapia y la técnica Alexander. Los dos tratamientos le agradaron, pero el dolor de espalda que había comenzado cuando se quebró las costillas había empeorado. Su madre, de 84 años, discutió mucho con ella y logró que aceptara tomar calcio y vitamina D adquiridos en su tienda naturista favorita. También tomó un complejo de vitamina B, de la cual tenía insuficiencia debido a su dieta limitada. Tuvo un poco de problemas de estreñimiento, lo cual no era común en ella y probablemente se debía a un exceso leve de calcio.

El dolor de espalda de Kirsty disminuyó un poco con el paso de los meses, pero con una dieta tan baja, la curación era un asunto prolongado.

Sus necesidades de calcio

La siguiente lista sugiere una cantidad mayor de calcio que la RDA (siglas en inglés para dosis diaria recomendada) propuesta por el Departamento de Salud, pero que va de acuerdo con la de la Sociedad Nacional de Osteoporosis de Bretaña, y la Fundación Nacional de Osteoporosis de Estados Unidos. Es posible obtener todo lo que necesita de la dieta, para lo cual le recomiendo que consulte la p. 202 de este libro para conocer una lista de valores alimenticios. Los productos lácteos son los más importantes: 190 ml de leche semidescremada proporcionan 231 mg de calcio; la ingesta promedia de calcio en ambos países es de apenas 870 mg, lo cual queda bastante corto de las necesidades de nuestro cuerpo y nuestros huesos.

Para aprovechar mejor el calcio, también se necesita vitamina D, de 400 a 800 u.i. (unidades internacionels) diarias hasta que llegue a la edad de retiro (jubilación), cuando deberán ser 800 u.i. La vitamina se va absorbiendo menos a medida que envejecemos, y tampoco obtenemos mucha a través de la piel. Pasar 20 minutos al aire libre, a la luz del sol, todos los días en los meses de verano le permitirá construir una reserva de puede durarle todo el verano, desde la infancia hasta los 65 años de edad. A partir de entonces, y particularmente si está usted confinada a una vida en interiores en un asilo o algún lugar similar, necesitará complementos por vía oral. Los aceites de hígado de pescado —bacalao y halibut—, en presentación líquida o en cápsulas, son una forma eficaz y sencilla de compensar la insuficiencia.

Ingesta de calcio diaria recomendada

Menores de cinco años	400 a 600 mg
Niños hasta los 11 años	800 mg
Adolescentes	1,000 mg
Hombres de 20 a 60	1,000 mg
Mujeres de 20 a 45	1,000 mg
Mujeres embarazadas y lactando	1,200 mg
Adolescentes embarazadas y lactando	1,500 mg
Mujeres de más de 45 sin HRT	1,500 mg
Mujeres de más de 45 con HRT	1,000 mg
Hombres de más de 60	1,500 mg

Los efectos secundarios son más probables si está usted tomando más de 2,000 mg al día, en particular si es un hombre mayor.

9

Tratamiento No. 3: Bisfosfonatos

Los bisfosfonatos son compuestos hechos por el hombre, que se han usado muchos años en el ámbito industria para quitar el sarro de tuberías y calderas debido a su capacidad para prevenir la formación de depósitos de carbonato de calcio. Un ejemplo de carbonato de calcio son los gises que se usan en las escuelas. Fue a finales de la década de los 60 cuando se introdujeron por primera vez en la medicina, y su llegada revolucionó el tratamiento para la osteoporosis.

Gracias a su particular afinidad por el calcio, los bisfosfonatos son atraídos al hueso; en particular, se concentran en la superficie del hueso vivo y activo, haciendo que este no atraiga a los osteoclastos, cuya función es comérselo. Algunas de las dosis de los bisfosfonatos son tomadas por las células óseas y pueden permanecer adheridos al tejido óseo varios años.

Los bisfosfonatos se usaron, originalmente, para tratar dos condiciones:

- Enfermedad de Paget, en la que hay una actividad ósea excesiva con un alto cambio o reemplazo de hueso y una formación ósea redundante.

- Hipercalcemia, un exceso de calcio en la sangre, a menudo asociado con algunas formas de cáncer.

Los bisfosfonatos siguen siendo el principal tratamiento para estas condiciones en la actualidad, pero a principios de la década de los 70, fueron puestos a prueba en la moderna plaga de osteoporosis, con resultados bastante alentadores. A mediados de los años 80, una ola de investigaciones se llevó a cabo sobre su acción y eficacia en esta enfermedad, y se siguen haciendo. Nuevos fármacos de la clase bisfosfonato se están desarrollando constantemente y valorando en ensayos clínicos con respecto a los placebos y entre sí. La expectativa es cada vez más esperanzadora con cada mejora.

Una desventaja menor es que todo sucede tan lentamente en las enfermedades de los huesos, incluida la osteoporosis, que cada uno de los estudios tarda años antes de dar lugar a una respuesta.

Los desórdenes que se ha descubierto que se benefician de los bisfosfonatos son:

- hipercalcemia debida a una enfermedad maligna;
- enfermedad de Paget;
- enfermedad ósea metastático, es decir, secundaria en los huesos debido a un cáncer de mama, próstata, útero, etc.;
- mieloma múltiple;
- inmovilización, por cualquier causa;
- artritis reumatoide;
- glándula paratiroides hiperactiva;
- osteogénesis imperfecta y otras alteraciones genéticas;
- cálculos renales y de vejiga;
- osteoporosis, todos los tipos: juvenil, postmenopáusica, senil, ideopática e inducida por esteroides.

Si bien el efecto de los bisfosfonatos en la hipercalcemia se nota algunas horas después de tomar la dosis, en la enfermedad de Paget y la osteoporosis, debido al lento metabolismo del hueso, pasan varios meses antes de ver los resultados. Los fabricantes del alendronato (Fosamax) dieron la noticia de que su fármaco causaba un aumento mensurable en la densidad ósea en un plazo de tres meses, y una reducción en el riesgo de fractura en un plazo de un año.

Cómo funcionan los bisfosfonatos

Tienen tres acciones relevantes para la osteoporosis:

1. Reducción en la tasa del cambio óseo. Esto, por sí mismo, retiene hueso, en particular en la época de la menopausia, cuando el cambio o reemplazo aumenta de manera drástica, o después de una fractura, cuando se da una emergencia provisional.
2. Interferencia con la acción destructora de hueso, la resorción de los osteoclastos. Luego de un incremento inicial en el número de células, el efecto de la droga es prevenir que maduren los osteoclastos formados a medias; esto significa una menor cantidad de osteoclastos activos, y el resultado es una ausencia de pequeños orificios en la superficie del hueso en donde la resorción ha tenido lugar.
3. Un efecto mezclado en la densidad mineral ósea. En las dosis elevadas, todos los bisfosfonatos inhiben la mineralización ósea, es decir, la incorporación de calcio, y eso les da resistencia. Uno de los primeros bisfosfonatos, que todavía se usa, el etidronato (Didronel) tiene esta acción incluso en la dosis comúnmente usada en el tratamiento. Puede provocar osteomalacia o raquitismo por la falta de calcio en los huesos. Con los otros bisfosfonatos, por ejemplo el popular alendronato

(Fosamax), este efecto indeseable no ocurre. El etidronato sólo puede administrarse de manera segura en dosis bajas, y es necesario monitorear la BMD.

Cómo tomar los bisfosfonatos

Estos fármacos son poco absorbidos por el intestino cuando se toman por vía oral, la cual, obviamente, es la forma más conveniente. A fin de aprovechar al máximo la dosis diaria, es importante tomarlos cuando el estómago está totalmente vacío, por ejemplo, al levantarse en la mañana, antes de beber o comer nada, ¡ni siquiera té! Se toma la tableta con un vaso lleno de agua simple —no agua de sabor no mineral—, y no se bebe ni se come nada durante una hora. Incluso así, la absorción será de entre 1 y 5 por ciento del bisfosfonato. Esto es lo que se puede hacer con la carga negativa que tiene y que inhibe su difusión a través del revestimiento membranoso del intestino delgado, el lugar donde la absorción, como tal, ocurre.

Cualquier alimento que pueda haber en el estómago o el intestino, en particular si contiene calcio, reduce la absorción aún más porque "transforma" al bisfosfonato en una forma insoluble. Los complementos de calcio son todavía más poderosos. La mitad de la medicina, después de llegar al torrente sanguíneo, es eliminada en su totalidad en un plazo de 12 horas; se distribuye, sin alteración, en el agua. La otra mitad es absorbida por las células óseas e incrustada en su esqueleto. Ahí está aparentemente inerte y sólo se elimina lentamente con el paso de los años. En el caso del alendronato (Fosamax), pasan 10 años de que la mitad de la cantidad original en el esqueleto haya desaparecido. Es la medicina en la sangre y en la superficie de los huesos la que tiene el efecto benéfico, no la parte dentro del tejido óseo. Es por esto que se necesita seguir tomando las tabletas.

Efectos en el hueso

Si tiene usted menos de 45 años cuando comience a tomar un bisfosfonato, la resorción del hueso se acelera al principio, pero después se hace más lenta, y hay un aumento en la formación ósea. Después de un periodo corto la resorción y formación vuelven a entrar en sincronía, pero a una tasa más lenta que antes de que empezara a tomar el medicamento. La pérdida ósea continúa a un ritmo bastante reducido, y la espalda y las muñecas son los huesos más afectados en esta etapa.

Si usted es mayor, el índice de resorción se reduce desde el principio, y los huesos más involucrados son el de la cadera, las vértebras, los hombros, inferiores de las piernas y la pelvis. El cambio o reemplazo óseo generalmente es más lento, por lo que la formación de hueso se da después de la resorción, y más a medida que envejecemos. Si bien no hay un límite de edad para tomar el bisfosfonato (a diferencia de la HRT), los efectos conjuntos de la edad y la droga puede hacer más lento el reemplazo, tanto que casi llega a interrumpirse. Esto requiere una reducción de la dosis diaria.

Otro peligro es que si la resorción ósea es suprimida con demasiada eficiencia y por demasiado tiempo por el bisfosfonato, puede inducir la supresión de formación ósea, de manera secundaria. En dosis más elevadas, los bisfosfonatos previenen la mineralización del hueso (la incorporación del calcio que le da la resistencia). Estos factores pueden conducir a un riesgo mayor de sufrir fracturas. Una preocupación menor es el efecto de largo plazo de tener el fármaco atrapado dentro de los huesos varios años, pero a la fecha nadie ha descubierto ninguna alteración del metabolismo óseo debido a esto.

Tratamiento intermitente

Algunos especialistas están a favor de administrar bisfosfonatos de manera intermitente y no continua, con la intención de evitar la etapa en la que se suspende la formación ósea, así como la resorción. En un importante estudio, se dio fosfato primero para estimular la actividad de los osteoclastos, seguido de dos semanas de etidronato y luego 70 días sin tratamiento, repitiendo el ciclo durante varios meses. Este régimen produjo una mejoría de corto plazo en la masa ósea, pero los efectos de largo plazo todavía son inciertos.

Otro método es administrar el bisfosfonato por infusión dentro de la vena, dos días seguidos, cada tres meses. En un experimento en el que se usó alendronato dio lugar a un 9 por ciento de aumento en la BMD luego de 12 meses. Un régimen similar con el pamidronato, otro bisfosfonato que se está estudiando, mostró aumentos de 10.5 y 14.5 por ciento en diferentes áreas del hueso después de dos años. También se obtuvieron incrementos similares, aunque menores, en la densidad ósea al tomar tabletas de pamidronato y alendronato por vía oral.

Algo esencial cuando se está tomando un bisfosfonato es consumir suficiente calcio todos los días. Si su dieta no ofrece la cantidad necesaria, necesitará un complemento de calcio —en tabletas o bebida— pero debe tomarlo a una hora distinta del bisfosfonato, y no en la siguiente media hora. Lo ideal es tomar el último por la mañana, en ayunas, y el calcio por la noche, momento en el que, de todos modos, tendrá el efecto más benéfico.

Recordatorio

Cuando inicie algún tratamiento de etidronato o alendronato, asegúrese de informarle a su médico sobre cualquier molestia digestiva que tenga, pasada o presente, incluida la gastritis, la úlcera gástrica o duodenal o la inflamación del esófago o esofaguitos. También es importante mencionarle toda afección renal, y hacer una lista de todas las medicinas que esté tomando, incluidas las que compre sin receta. Si, después de haber iniciado el tratamiento con bisfosfonato, descubre que tiene agruras que van empeorando con el paso del tiempo, dolor detrás del esternón o molestias al tragar, suspenda las tabletas y consulte a su médico. No tome ningún medicamento para la indigestión.

Interacciones del fármaco

No hay ninguna interacción nociva con ninguna de las medicinas comunes, pero los complementos de calcio, los antiácidos y otras medicinas tomadas por vía oral pueden interferir con la absorción del bisfosfonato. No debe tomarse nada durante la media hora siguiente a haber tomado este fármaco.

Efectos secundarios

Pocas veces representan un problema con los dos bisfosfonatos que actualmente están autorizados para el tratamiento de la osteoporosis: etidronato y alendronato. El pamidronato ha sido retirado porque produjo una cantidad inaceptable de efectos secundarios, en una de cada 10 personas, o más. El pequeño riesgo de los efectos secundarios se reduce si el paciente evita tomar las tabletas en la noche, y si usted se olvida de tomarlas por la mañana, lo más tarde que puede hacerlo es antes de la cena, recordando que no debe haber ingerido nada la hora previa.

Los efectos secundarios más comunes se perciben en el sistema digestivo: dolor o molestia abdominal, dispepsia, estreñimiento o diarrea, inflamación y gases y molestias al tragar, aunque otros pueden ser dolor de cabeza y articulaciones.

Menos comunes son las náuseas, las agruras, inflamación del esófago y salpullido.

Las infusiones dentro de la vena pueden provocar irritación local y un aumento transitorio en la temperatura corporal.

Precauciones

- No tome la tableta por la noche, antes de acostarse.
- No la mastique ni la chupe, tráguela con agua.
- No se acueste hasta que haya comido algo, y recuerde que esto deberá ser después de la media hora siguiente de haberla tomado. Si no puede permanecer en posición vertical durante una media hora completa, entonces este medicamento no es para usted.

¿Qué pasa cuando suspende el tratamiento?

¿Comenzar a tomar los bisfosfonatos significa el comienzo de una sentencia de vida? ¿Es malo interrumpirlo? En dos estudios, no ocurrió una mayor pérdida de hueso en las personas seis meses y dos años, respectivamente, después de suspender el medicamento. Esto suena alentador, pero no es de gran ayuda si no significa también una reducción en el riesgo de fracturas. En teoría, un aumento de 10 por ciento en la masa ósea debe reducir el riesgo un 50 por ciento, pero la masa ósea no es el único factor importante; la BMD también es de trascendencia y sólo los incrementos pequeños en ella, por ejemplo debido a la HRT, provocan un decremento definido en el número de fracturas.

Una fractura existente es un riesgo mayor de fracturas posteriores, sin importar la masa ósea. El estudio de un tratamiento de bisfosfonato durante seis años en las personas con fracturas de compresión vertebrales, previas, dieron como resultado una pérdida escasa o nula de estatura y, por lo tanto, no más fracturas. Esta es una noticia particularmente buena para el gran número de mujeres, principalmente, que comenzaron a desarrollar una desagradable curvatura en la espalda.

En la actualidad, las compañías farmacéuticas están trabajando intensamente por obtener el bisfosfonato perfecto, uno que aumente la resistencia ósea a través del esqueleto, en particular en la osteoporosis que ya tiene tiempo establecida, estimule la formación de hueso, así como la reducción de la resorción, y no tenga efectos secundarios o muy leves. Entre los beneficios que hoy ofrecen estos fármacos está un incremento en la BMD en el 96 por ciento de los pacientes, con una reducción correspondiente en el riesgo de fracturas. El número de fracturas de cadera, por ejemplo, es menor un 63 por ciento después de 18 meses de estar tomando tabletas de alendroanto. Los nuevos fármacos en investigación son el clodronato y el residronato, tómelo en cuenta.

El caso de Winifred

Winifred, de 65 años de edad, se retiró recientemente de su empleo en el Servicio Postal en donde había trabajado durante 35 años. Esperaba con ansia poder jugar más golf, pero mientras tanto se compró un nuevo departamento para estar más cerca de su sobrino y su esposa. Es muy probable que se haya esforzado de más cargando demasiadas cajas durante la mudanza, y ahora tenía un terrible dolor en la espalda, entre los omóplatos, el cual continuaba 15 días después, por lo que decidió ir a ver al médico. Una placa de rayos X demostró osteoporosis de la espina, así que el galeno decidió conocer sus antecedentes familiares.

Los puntos importantes fueron que Winifred nunca había fumado, apenas había probado el alcohol y hacía una cantidad razonable, y sana, de ejercicio en el campo de golf. Nunca se había casado ni tuvo hijos y tuvo una menarca tardía (primer periodo) junto con una menopausia temprana, a los 41 años. Esto hizo muy probable el hecho de que estuviera baja en estrógenos y, aparentemente, fuera un caso ideal para HRT; sin embargo, su madre había muerto a los 58 años de edad de cáncer uterino, lo que hacía que el tratamiento hormonal fuera arriesgado. Pero definitivamente necesitaba un tratamiento eficaz: una prueba de densitometría ósea y un cálculo de calcio mostraron que la BMD de su espina era baja y su nivel de calcio también se encontraba por debajo del promedio.

Debía modificar su ingesta de calcio y el doctor le prescribió Adcal, una de las preparaciones de calcio y vitamina D, la cual toma después de la comida y la cena. El calcio solo no habría sido suficiente para tratar su osteoporosis con eficacia, y la calcitonina es difícil de tomar, por lo que el médico le sugirió Fosamax (alendronato). Winifred leyó las instrucciones con mucha atención.

Tomaba la tableta blanca, redonda, de 10 mg en cuanto se levantaba por la mañana, acompañada de un vaso lleno de agua del grifo. Se vestía de inmediato, con la idea de que eso llenaría la media hora siguiente en la cual debía permanecer erguida y no debía comer ni beber nada. De hecho, esta actividad no le tomaba tanto tiempo y debía inclinarse en ciertos momentos para ponerse las prendas, lo cual le provocaba cierto ardor molesto en el pecho. Su primer pensamiento fue tomar una dosis de medicina para la indigestión —su favorita era Gaviscon— pero al comentarlo con su médico éste le dijo que no, definitivamente, y que las medicinas que contenían aluminio eran las peores.

Le aconsejó que usara un cronómetro de cocina para asegurarse de mantenerse erguida durante —le sugirió el médico— 40 minutos y que recordara estar en vertical mientras se ponía la ropa. Su desayuno, una enorme taza de café con leche y muslo con yogurt, estaba lleno de calcio, pero tomado en un momento que no interferiría con la absorción del alendronato.

La masa ósea baja de Winifred, 2.4 SD (desviaciones estándar) por debajo de la norma, era una especie de garantía para que tuviera fracturas posteriores en las vértebras y, quizás, otros huesos si no seguía ningún tratamiento. Después del hipo inicial con el medicamento, Winifred no tuvo más problemas y continuó la dosis diaria durante nueve meses. Su BMD mejoró y su masa ósea era ahora de 1.5 SD bajo par. El dolor cedió durante los primeros tres o cuatro meses, por fortuna, pero el golf, con sus movimientos de giros de la espina, ya no es el mejor tipo de ejercicio para ella. Caminar es más seguro, por lo que Winifred está planeando un día de exploración, a pie.

10

Cómo recuperarse de una cadera rota y otras fracturas

Fractura de cadera

Una fractura de cadera es un suceso importante en la vida de toda persona, pero tampoco tiene que ser un desastre.

La causa es la osteoporosis y, en el 90 por ciento de los casos, el detonante es una caída. Por lo general no es nada dramático, no más que de una posición de pie sobre el suelo a caerse al suelo. El otro 10 por ciento de las fracturas de cadera puede deberse a un movimiento o giro inadecuado: se vuelve para ver por donde va cuando pone la reversa en el auto, o se estira para alcanzar algo detrás de usted. A veces no hay un evento precipitante definitivo, la osteoporosis ha hecho al hueso tan frágil que éste, simplemente cede, de manera espontánea. Por otra parte, no todas las caídas cuando se tiene más 60 años provocan una fractura de cadera; de hecho, sólo el dos por ciento lo hace. El punto es: ¿por qué sucede en estos casos?

¿Qué hace a una caída peligrosa?

- Caer de lado, en o cerca de la articulación de la cadera.
- Caminar despacio de manera que tiende a caer para atrás. Si usted tropieza cuando camina con energía, el movimiento hacia adelante que lleva (la inercia) hace que tienda a caer hacia adelante, por lo que se puede romper la muñeca, pero salvar la cadera si estira las manos.
- La gravedad de la caída, por ejemplo, bajando las escaleras o en una pendiente.
- Tener más de 75 años de edad: su tiempo de reacción no puede ser los suficientemente rápido para protegerse.
- Tríceps y otros músculos superiores del brazo débiles, de manera que puede usted no tener la suficiente fuerza para sujetarse de algo de manera eficaz.
- Ser una persona delgada y pequeña, por lo que no cuenta con mucho material de acolchonamiento para la cadera.
- Ser muy alto; se cae de una mayor altura.
- Una superficie dura y resbalosa.
- Peligros domésticos comunes: alfombras o tapetes sueltos, cables sueltos, iluminación inadecuada (¿para economizar?)
- Las fracturas previas, en cualquier parte, aumentan un 20 por ciento las posibilidades de sufrir otra fractura.
- El tamaño y forma de los huesos. Esto varía de una persona a otra, de una raza a otra y por el sexo. Los huesos masculinos generalmente son más grandes y más robustos.
- Un cuello del fémur más largo del promedio es un punto débil.
- Resistencia ósea, medida por la masa ósea y la densidad mineral ósea: cuanto más bajas sean las cifras, más

vulnerables son los huesos, lo cual, a su vez, se debe a una mayor edad, el cigarro, el consumo excesivo de alcohol, la mala nutrición o una mal absorción con falta de calcio o vitamina D.

"¡Sucedió tan rápido!"

Los más jóvenes —de 60 y 70 años— por lo general se tropiezan o se resbalan con un tapate suelto, o algo parecido. Los de mayor edad —de 80 a más de 90— con frecuencia tienen ataques por caídas, mareos, desmayos (síncopes) o pierden el equilibrio.

Pérdida del equilibrio

El sentido del equilibrio tiende a disminuir con el paso de los años, así como tendemos a perder un poco de nuestra agudeza auditiva. Los órganos de la audición y el equilibrio se encuentran dentro de un solo paquete, en el oído. Los momentos de más riesgo es cuando se levantan de la cama en la mañana y cuando van al baño.

Ataques por caídas

Son sucesos desconcertantes en los cuales uno de repente se encuentra en el suelo y no puede levantarse de inmediato (a menos que se haya roto la cadera), totalmente consciente. Se deben a una insuficiencia transitoria de sangre en el área del cerebro relacionada con la postura.

Factores positivos

Dos de éstos pueden sorprenderle:

- Tener un poco de sobrepeso.
- Usar protectores para la cadera.

- Osteoartritis u osteoartrosis de la cadera: el hueso está más grueso alrededor de la articulación.

La caída

Usted se tropieza, se resbala o pierde el paso, o simplemente se cae, y siente dolor en la cadera, un super dolor agudo y penetrante. Por lo general sabe que no puede levantarse, y mover el muslo es una completa agonía. Si logra arrastrarse o alguien le ayuda no puede soportar ni el más mínimo peso del lado malo. Muy ocasionalmente, las partes rotas se acuñan entre sí y usted puede cojear de alguna manera, y tal vez no se dé cuenta de lo que ha sucedido.

Por supuesto, de acudir al hospital, pues califica tanto como un accidente como una emergencia. Ahí, le examinarán con rayos X y le dirán el diagnóstico: fractura de cadera.

Tipos de fractura de cadera

Se dividen en tres categorías por la posición de la fractura (vea el dibujo de la p. 31).

1. *Cervical o intracapuscular:* es decir, a través del cuello del hueso del muslo (el fémur) dentro de la cápsula, la membrana resistente que encierra a la articulación.
2. *Trocantérica o intertrocantérica, o extracapsular:* entre los trocantes mayores y menores, dos bultos en el hueso en donde sale el cuello. Quedan fuera de la cápsula de la articulación.
3. *Subtrocantérica:* debajo de los trocantes, cerca de la parte superior del eje del fémur.

Aunque los que usted siente cuando ocurre una fractura es exactamente lo mismo sin importar de qué sitio se trate, existen diferencias importantes que van a afectar el tratamiento.

La edad pico para una fractura de cadera son los 75 años, pero el rango va desde los 40 hasta los 90 y quizás más. Las personas menores de 60 años probablemente tengan una razón particular para sus fracturas, y ésas pueden ser:

- extirpación de los ovarios, por lo general con una histerectomía;
- menopausia temprana;
- medicación con esteroides de largo plazo;
- anorexia nerviosa y otras causas de mala nutrición severa;
- intolerancia a los productos lácteos, con falta de calcio;
- algunas formas de cáncer.

Algunas personas carecen de calcio o quizás vitamina D sin que se den cuenta de que eso pone en riesgo sus huesos.

El caso de Malcolm

Malcom tenía 60 años cuando tuvo al reconocimiento de ser uno de los pocos hombres —comparados con las mujeres— con fractura de cadera. Y no se trató de que hubiera sufrido un terrible accidente. Todo lo que hizo fue caerse de la bicicleta, de lado, cuando tuvo que detenerse repentinamente detrás de un auto. Malcolm no había estado interesado en los deportes, excepto por televisión, y su trabajo era sedentario, pero tenía que hacer mucho entretenimiento, y esto encajaba con sus gustos admirablemente. Su alimento era a base de leche, helado, yogurt, cheddar común y verduras de hoja. Seguía una dieta a base de bistec y papas que acompañaba con cerveza clara, mientras que su bebida favorita era Glenfiddich.

El accidente en la bicicleta le dejó con una fractura cervical de su cadera izquierda, la cual se reparó con varias operaciones con clavos. Mientras estaba en el hospital sufrió algunos síntomas atemorizantes relacionados con la abstinencia de alcohol. Esto hizo que fuera más fácil para su esposa y el doctor hacer que suspendiera el hábito, el cual, después de todo, era en parte responsable de la debilidad de sus huesos. También se le convenció de comer menos carne roja y más queso y pescado, disfruta profundamente un buen Stilton (queso azul de origen inglés). Pero no había buenas noticias en lo referente al ejercicio, pues no era capaz de hacer ni una caminata pequeña todos los días, y ¡estaba usando la cadera como excusa! El hueso había sanado bien alrededor de los clavos y tenía pocas molestias.

El ejercicio habría sido una garantía en contra de posteriores fracturas.

Fracturas cervicales

Ocurren con más frecuencia en el grupo joven: mujeres mayores de 50 y hombres mayores de 60. Los factores principales de estas fracturas son que el hueso, por lo general, no está roto en pedazos y pocas veces hay una hemorragia seria. Lo que hay se encuentra contenido dentro de la cápsula. Las superficies rotas del hueso pueden haber permanecido en alineación y, en ese caso, probablemente sanen bien, que fue la situación del caso de Malcolm. Su juventud relativa también fue un punto a su favor.

Un escenario menos favorable es aquel en donde las partes rotas se desplazan de su lugar. Existe un riesgo sustancial de que los vasos sanguíneos que van a la cabeza del fémur también hayan sido lesionados. La articulación de la cadera tiene un diseño especial en el que la cabeza del fémur es como una bola; si hay daño en esta parte vital de suministro sanguíneo, es posible que los tejidos no sobrevivan y comiencen a sufrir una muerte localizada: "necrosis avascular", lo que significa que la primera operación, enfocada a estabilizar la articulación para que la curación pueda tener lugar, ha fallado. La única opción es una segunda operación, más radical: ya sea una hemiartroplastía (vea la p. 147), o un reemplazo total de cadera.

Fracturas trocantéricas

Ante esto, tal vez piense que éstas son peores que las del tipo cervical porque la víctima por lo general es mayor, y es muy probable que el hueso se rompa en pedazos: lo que se llama una fractura cominuta. De hechos estas fracturas sanan mejor, en parte porque el hueso de esta área es del tipo trabecular, más activo y más fácil de manejar. El hueso cervical, en contraste, es principalmente duro, con una corteza que no cambia, más difícil de machacar y menos propicio para arreglarse y remodelarse.

Una desventaja de la fractura del tipo trocantérico es su propensión a las hemorragias. Una cantidad considerable de sangre del tejido lesionado corre hacia abajo, al muslo, debajo de la piel y eso crea una terrible contusión, la cual tarda muchos meses en curarse... yo lo sé. En mi caso particular, pensé que nunca curaría, pero lo hizo. Las fracturas trocantéricas pueden ser difíciles de acomodar en su posición porque el hueso puede fragmentarse, en comparación con una sóla línea de fractura que es común en el tipo cervical.

Fracturas subtrocantéricas

Son las menos comunes. Con frecuencia son cominutas e incluso más difíciles de estabilizar que las del tipo trocantérico, además de que es muy probable que requieran arreglos complejos de placas y tornillos, con una buena inserción. Este procedimiento puede complicarse con hemorragia en el momento.

Tratamiento para la fractura de cadera

Es urgente —y quirúrgico— pero cualquiera que sea la operación que sugiera el cirujano ortopédico, los aspectos preliminares son los mismos. A veces, después de que es colocada la persona en la camilla, el anestesista la revisará, prestando atención especial al pecho, el corazón y la tensión arterial, y quizás sugiera un epidural porque mitiga todo dolor, y el paciente sólo necesitará una ligera anestesia para mantenerlo dormido.

El plan común es estar en ayunas —de alimentos y bebidas— desde la noche anterior (por lo menos media noche), de seis horas como mínimo. Esto es extremadamente importante para que ni siquiera piense usted en comer algo. Mientras está inconsciente, acostado, fácilmente puede vomitar si hay algo en su estómago, y los propios reflejos del organismo de preservación de la vida que previenen que el vómito "salga por la vía equivocada" hacia los pasajes de aire, no están activos. Hay varios tipos de "pre-medicinas" que se dan vía inyección poco antes de que entre a la sala de operaciones, otra medida de seguridad, para secar la saliva y evitar problemas con eso también. Ahora comienza el viaje.

Lo siguiente que usted experimentará es el lento despertar de la anestesia y a la enfermera diciéndole que ya pasó todo.

Las operaciones

Hemiartroplastía

Es la operación estándar para una fractura intracapsular, en especial si hay algún desplazamiento o daño al suministro sanguíneo de la articulación. Es obligatoria si existe amenaza de necrosis avascular, un desmoronamiento que se debe a la falta de sangre. Consiste en ajustar una prótesis, el reemplazo artificial de una parte, por ejemplo, como la dentadura falsa. En este caso, la prótesis reemplaza la cabeza del fémur. Hay dos estipulaciones: la cadera no ha sido dañada por la artritis, ni la cavidad de la articulación muestra signos de desgaste o rasgadura; en tales situaciones, la operación mayor de reemplazo total de cadera —con cavidad y todo, es el mejor procedimiento.

Estas dos operaciones tienen la ventaja de permitir la movilidad casi inmediata, con carga del peso completo del lado afectado. Por otra parte, existen otros procedimientos mayores y una articulación de reemplazo nunca es tan flexible y adaptable como una curación totalmente natural de la articulación de la cadera. Y las prótesis tampoco duran indefinidamente e incluso puede requerir un reemplazo cuando la persona envejece y está en menor condición física. En el hueso frágil, la prótesis puede fijarse en su lugar con un pegamento especial. Más recientemente, se usa un metal poroso, el cual permite al hueso crecer en su interior; este método es indicado cuando el paciente es más joven y activo, y sus huesos son bastante más fuertes.

Fijación interna

Es una operación menor a la de fijar una prótesis de cadera media (hemi) o total, y por lo general se utiliza en las fracturas trocantéricas para fijar las piezas del hueso en su posición. Hay tres tipos de fijación interna:

1. *Tornillos o clavos múltiples:* por lo general se requieren tres, dentro de la cabeza del fémur, y se usan principalmente para las fracturas cervicales.
2. *Tornillos de cadera dinámicos o "clavos móviles de cadera":* uno o más clavos o tornillos largos que fijan una placa de acero a la fractura. Se usan para las roturas extracapsulares y trocantéricas.
3. *Dispositivo intremedular:* se inserta una varilla en la parte media del fémur, desde el eje y dentro de la cabeza, y se fija con tornillos. Esta operación se usa para las fracturas subtrocantéricas en particular. Las operaciones que dependen del uso de clavos en las partes rotas ya no tardan en sanar más que una cirugía de reemplazo porque los tejidos dañados no se quitan; pueden ser muchos.

Cuanto más joven y energético sea usted, más probabilidades hay de que el cirujano sugiera una operación con clavos, mientras si es una persona mayor, como la Reina Madre (de Inglaterra), el reemplazo total de la cadera puede ser la mejor opción. Como persona de edad, es muy probable que sufra de un poco de artritis y puede requerir esta operación en el momento adecuado, de todos modos. La recuperación de la hemiartroplastía o el reemplazo total de cadera ofrecen la ruta más rápida de vuelta a caminar, una consideración muy importante en las personas mayores, quienes no manejan bien el no poder ponerse de pie un día más de lo necesario.

Complicaciones de la cirugía de cadera

Las complicaciones que requieren una segunda operación ocurren en casi una tercera parte de las operaciones de fijación interna. La hemiartroplastía y el reemplazo total de cadera crean menos problemas y menos dolor durante el periodo de recuperación. La falta de unión o que el hueso roto no logre soldar en un periodo razonable, son las molestias menores, siendo la necrosis avascular una de las peores. La infección de la articulación después de fijar una prótesis puede estar relacionada con una condición previamente existente. Las infecciones urinarias y el taponamiento de una vena de la pierna (trombosis de vena profunda, DVT por sus siglas en inglés) pueden surgir luego de una operación en la que se tiene que pasar cierto tiempo en cama.

El caso de Maggie

Maggie tenía 48 años de edad y ya habían pasado cinco años después de su histerectomía y ooforectomía (extirpación de los ovarios) por cáncer en el cuello del útero. Ahora ya estaba bien, y comenzaba a sentirse menos ansiosa por la posibilidad de una recaída, hasta que se rompió la cadera izquierda al tratar de abordar un autobús. Al principio ella y su médico tenían miedo de que esto se debiera a un cáncer secundario, pero los rayos X les dieron seguridad. Maggie no tenía artritis y disfrutaba normalmente de una vida activa, así se decidió practicar una fijación interna con varios clavos. Una biopsia, entre otras pruebas, confirmó que no tenía cáncer en los huesos, pero mostró una osteoporosis establecida, lo cual no fue una sorpresa por su menopausia quirúrgica temprano y por no haber recibido HRT, debido al cáncer.

La fractura, del tipo trocantérico, requería de una cirugía urgente. Con una fractura extracapsular y su edad joven, la fijación interna era la operación adecuada y el tipo elegido fueron los clavos múltiples. Lamentablemente, después de unas semanas la cadera de Maggie se fue haciendo más dolorosa hasta que ya no pudo poner un pie en el suelo de ese lado. Los rayos X mostraron que el hueso no había soldado en la rotura y que los tornillos se estaban zafando; entonces se le practicó una hemiartroplastía, y el progreso de Maggie desde entonces ha sido positivo y sin molestias.

Después de la operación

El objetivo principal es la movilización, pero en los primeros días su mayor interés será mitigar el dolor. Al principio le darán poderosas medicinas contra el dolor, como morfina o petidina vía inyección. Un aparato ingenioso le permite inyectarse usted mismo cuando sienta la necesidad, a través de un tuvo que queda fijo a la vena de la muñeca, y que queda arreglado de tal manera que no pueda administrarse una dosis excesiva.

La necesidad de una fuerte analgesia sólo dura unos cuantos días, y entonces puede usted aceptar fármacos más leves, como el paracetamol. También es posible que le den un supositorio diario de algún antiinflamatorio (NSAIDs) para ayudare en esta transición, y quizás pueda darse el lujo de poner una bolsa de hielo en el área de la articulación. Se sentirá mejor cuando le quiten la morfina, pues es difícil pensar con cordura cuando se está bajo sus efectos y muchas personas experimentan olas de náusea e incluso llegan a vomitar. Ahora, mientras está usted en el hospital, y algunas semanas después, necesitará acostumbrarse a dormir sobre su espalda y recordar que no debe cruzar las piernas, ni siquiera a la altura de los tobillos, pues no hay que ejercer ni la más mínima tensión en la articulación.

Mientras está usted preocupado con estos detalles cotidianos, su cadera ya está comenzando a sanar, y el trabajo de usted es ayudarle como pueda.

El ejercicio es la clave

A partir del momento que despierte usted de la anestesia, puede comenzar a:

- hacer ejercicios de respiración, sin olvidar usar el diafragma;
- encogerse de hombros;
- tensar la pierna y los músculos del muslo como si estuviera tratando de hacer un estiramiento del miembro;
- mover y estirar los dedos de los pies; haga lo mismo con las manos;
- mover de un lado a otro los tobillos y levantar y bajar los dedos de los pies;
- levantar los brazos hacia delante y a los lados;
- apretar los glúteos;
- mover la cabeza de un lado a otro.

Puede hacer todo esto mientras está acostado. Durante las 24 horas posteriores a la operación, el fisioterapeuta, con apariencia sana y fuerte, le irá a visitar y le enseñará y animará, durante su estancia en el hospital, a llevar a cabo una serie de ejercicios progresivos. El énfasis se da en el estímulo, porque constantemente le pedirá que haga algo que parece imposible, comenzando por salir de la cama al día siguiente de la operación, cuando le han hecho un reemplazo total o una hemiartroplastía. De alguna forma, usted hará lo que él le pida. Recuerde lo que hacemos a los niños pequeños: hacerles creer que pueden pararse en sus dos pies, dar algunos pasos con ayuda, aun cuando sus piernas estén un tanto débiles y fuera de control. Es muy parecido a esto después de una operación de cadera.

Los ejercicios que el fisioterapeuta le mostrará, por ejemplo, levantar la pierna de la cama y mover la cadera de maneras distintas, son oro puro, y le mantendrán en buena forma, literalmente, para los años venideros. Al principio le ayudarán a caminar con un armazón de Zimmer, luego con dos muletas de codo, luego otras dos sin el apoyo del codo, y luego una. Las últimas etapas serán después de que salga del hospital y finalmente podrá andar sin bastón o muleta; sin embargo, antes de ir a casa tendrá que aprender a usar las escaleras. No será la forma más rápida o elegante de subirlas o bajarlas, pero si será la más segura.

Uno de los mejores momentos de su estancia en el hospital es cuando deja de usar esas medias incómodas, blancas, que comprimen y que son anti-trombosis. Se sienten peor en el verano, pero son importantes. Un coágulo que se forma en una vena (DVT) duele mucho y es una complicación potencialmente peligrosa de la cirugía. Le pueden administrar heparina por inyección para reducir más el riesgo.

Al ir a casa

Es muy probable que permanezca en el hospital entre 8 y 14 días. Cuando salga necesitará dos bastones, ajustados a su estatura, y una especie de anillo plástico (llanta) para elevar su nivel cuando se siente. Doblarse o agacharse en la cadera seguirá siendo difícil, y doloroso, durante las siguientes semanas; éste es el factor limitante que le hace difícil bajar y subir del auto, sentarse en una silla baja e incluso levantarse de ella, ponerse los calcetines y los zapatos o recoger algo del piso.

Dije *calcetines* porque ponerse medias o mallas parece requerir las contorsiones de un acróbata, y usted no estará en condiciones de hacer eso durante algunas semanas todavía; asimismo, una falda larga con cintura elástica es más fácil de ponerse que unos jeans. Por fortuna, hay varias herramientas que pueden ayudarle: un ingenioso dispositivo para los calcetines, un calzador largo —de preferencia es recomendable usar calzado que se sujete con Velcro— y "una mano" que le permita recoger todo lo que termine en el suelo. Éste último es muy útil, incluso en la "vida posterior" para poder tomar las cosas que no quedan a su alcance.

Ir de compras

Ahora que ya regresó a casa debe ser como un general y planear su estrategia. Está bien si cuenta con un familiar amoroso que viva con usted, como un esposo, pero en la actualidad hay muchas personas que viven solas, así que, de inmediato, debe definir cómo va a hacer sus compras, ya que no quiere añadir la inanición a sus problemas. Pedir algo por Internet tal vez no sea muy práctico para un hogar en donde vive sólo una persona, y yo personalmente dividí mis necesidades entre mis vecinos de manera que ninguno tuviera que hacer más de dos cosas. Llegué a los mejores acuerdos con ellos, incluidos los que apenas conocía. Como vivía en un piso alto y me tomaba una eternidad subir y bajar las escaleras, creamos un super sistema para que yo bajara una canasta desde la ventana cuando alguien tocara el timbre para avisarme que traía lo encargado.

La cocina

Esto tiene que ver con estar de pie, lo cual es malo para la cadera y provoca un doloroso sentimiento de estarse arrastrando. Prefiera bebidas calientes, ya que preparar una tetera no representa mayor problema, y de lo demás, nada que requiera preparación. Calentar las cosas en el microondas es lo más que puede intentar en las siguientes semanas.

La comida

La agresión a su cuerpo de la fractura y la cirugía deben haberlo dejado con muy pocas proteínas y con la necesidad de una reconstrucción general. El queso, el tofu y las sardinas proporcionan tanto proteínas como calcio, las frutas y las ensaladas le dan vitamina C, necesaria para el proceso de curación. (vea la p. 191 para conocer más detalles sobre la dieta.

Conducir el auto

Cuando haya logrado introducirse detrás del volante, está listo para salir, siempre y cuando su vehículo sea automático. Sólo necesita una pierna en buenas condiciones y no importa cual. Podrá conducir después de seis semanas, aunque este tiempo deberá ser mayor si tiene un auto de cambios manuales. Tal vez le convenga conseguir una Discapacidad, el cual le permite estacionarse en lugares especiales y convenientes en casi todos los lotes de estacionamiento y, si es necesario, detenerse en una línea amarilla. Su médico puede informarle al respecto.

El ejercicio

Establezca el hábito de hacer, por la mañana y/o la tarde, la serie de ejercicios que le sugirió el fisioterapeuta; de esta manera reducirá la rigidez matutina, el dolor y la debilidad en general… el esfuerzo realmente vale la pena. El ejercicio al aire libre, básicamente caminar, es una especie de tónico que incluye vitamina D hecha por el propio organismo y, para empezar, cierta sensación de aventura. El truco está en caminar un poco más cada día. Cuando yo empecé sólo pude llegar al primer puesto de luz de mi calle. (vea la p. 188 para conocer el régimen de ejercicios generales.

Tal vez todo esto le suene demasiado ambicioso, pero está dentro de sus posibilidades si estaba en buena forma antes del accidente, pero muchas personas necesitan un poco de tiempo en la sala de rehabilitación. Éste puede ser el momento de reacomodar su forma y lugar de vivir y quizás mudarse a un asilo o un hogar para ancianos. La tercera parte de las personas descubre que es más dependiente de los demás después de una fractura de cadera pero, en todo caso, bien puede esperar que su salud y su fortaleza mejoren poco a poco siempre y cuando haga estas cuatro cosas:

1. Haga cualquier ejercicio que pueda hacer, tomando en cuenta que el más importante y benéfico es caminar, pero si no puede hacer esto, el ejercicio en cama también es adecuado.
2. Coma de manera nutritiva; comer aunque no tenga hambre le ayudará a mejorar su apetito si no lo tiene.
3. Tome complementos de calcio y vitamina D y otros medicamentos con la aprobación de su médico.
4. Vea a sus amigos lo más que pueda, y trate de organizar por lo menos una reunión con ellos cada semana, para que siempre tenga algo agradable que esperar. La depresión es la compañera del dolor y la frustración de haberse roto la cadera, acabe con ella por anticipado. Tal vez quiera unirse a un grupo de osteoporosis, a menudo combinado con la artritis, como actividad social, en donde pueda comparar sus notas y quizás algunos consejos útiles de otras personas que están pasando por lo mismo.

Debe evitar lo siguiente:

- sentarse de manera que la cadera quede por debajo de las rodillas;

- ponerse en cuclillas;
- doblar la articulación de la cadera más de 90 grados;
- esforzar las articulaciones corriendo, aunque no sea muy rápido, o saltando un escalón, aunque sea bajo;
- nadar en el estilo pecho (vea la p. 188).

El caso de Michael

Desde su retiro hace cuatro años, Michael había estado haciendo una caminata "constitucional", por cuestiones de salud y por gusto. Una de sus rutas favoritas era a través de un bosque con muchos árboles pequeños. Él culpa a sus anteojos, pero la verdad es que ya estaba oscureciendo cuando se le atoró el pie en una raíz de árbol que le hizo caer pesadamente y darse cuenta, de repente, que se había fracturado la cadera. Todo lo que pudo hacer fue permanecer en el suelo hasta que alguien llegó, pues no acostumbraba llevar su celular consigo cuando salía a una caminata vespertina.

Por fortuna, Michael no tuvo que esperar mucho antes de que una joven pareja surgiera de entre los árboles, y el complicado rescate comenzó. Los rayos X revelaron una fractura cervical con superficies rotas y osteoporosis. La utilización de clavos no era práctica, y eso dejaba como únicas alternativas la hemiartroplastía o el reemplazo total de la cadera. Las articulaciones de Michael ya comenzaban a mostrar signos de osteartritis, por lo que la mejor opción era el reemplazo total de cadera. No tenía enfermedades crónicas, pero en el pasado ya había sufrido dos fracturas por jugar rugby: esto podría haber menguado su masa ósea.

Fiel a su naturaleza, Michael estaba decidido a estar en buenas condiciones lo más pronto posible. Ya estaba fuera de la cama el día siguiente a la operación y caminando con el armazón de Zimmer dos días después. Se esforzó mucho en los ejercicios y logró una buena recuperación, caminando 800 metros todos los días (sin muletas ni bastón) y conduciendo su auto nuevamente al mes siguiente de volver a casa. No todos esperan manejarse tan bien como Michael: su condición general antes de la operación era excelente para un hombre de 69 años de edad.

Ahora ha empezado un nuevo régimen de ejercicio diario, ingestión de complementos de calcio y vitaminas, y calzado de suela antiderrapante, en vez de los zapatos de piel que le gustaban. Sin embargo, resultó inútil decir a sus nietos que no hicieran de la sala de estar un campo de obstáculos con sus juguetes abandonados.

La casa de usted, también puede contener algún peligro para sus caderas y otras articulaciones, las caídas representan un gran peligro, por lo que necesita encontrar la mejor forma de evitarlas (vea el capítulo 11).

Otras fracturas de la osteoporosis

Fracturas de Colle, de la muñeca

Una de cada cinco mujeres de 70 años en el Reino Unido y Estados Unidos ha sufrido alguna vez una fractura de muñeca, y el número de fracturas de Colle (vea la p. 35, 36) aumenta desde el principio de la menopausia, alcanzando un punto máximo entre los 60 y los 70 años de edad. A partir de entonces se estabiliza, pero es más seria cuando afecta a una persona de mayor edad. La mayoría de las víctimas de más de 85 años de edad necesita hospitalización. Si bien no es una lesión que ponga en peligro la vida, una muñeca fracturada es muy dolorosa. Acomodarla es bastante complicado y tal vez tenga que repetirse varias veces, además de que requiere de cuatro a seis semanas de yeso para sanar.

Un efecto nocivo de largo plazo, y que puede durar más de un año, es la *algodystrofia*, la cual aparece en la tercera parte de los casos y hace que la muñeca no deje de doler y permanezca inflamada y muy sensible a la presión.

El síndrome del tunel carpal o rigidez en el hombro son condiciones que pueden desarrollarse de manera secundaria. El alivio del dolor y la fisioterapia son la preocupación principal del paciente y, a menudo un tratamiento complementario puede ayudar, como la aromaterapia.

Fractura de hombro

Una caída que involucre todo el brazo o un impacto en el hombro pueden causar una fractura en el punto donde la cabeza del húmero, el hueso largo del brazo, se une al eje; esto es muy parecido a una fractura de cadera trocantérica.

Si tiene usted suerte, el hueso sanará en unas cuatro semanas si la articulación se inmoviliza, y es sólo después de eso cuando comienza el verdadero trabajo. Puede tomar meses de fisioterapia y ejercicio para lograr recuperar todo el movimiento. Peinarse será la actividad más difícil. Como pasa con la fractura de cadera, el suministro sanguíneo a la cabeza del hueso puede resultar afectado, y el resultado es el mismo: necrosis avascular. La respuesta también es similar: una hemiartrosis para reemplazar la cabeza del húmero en este caso. El uso de clavos por lo general es inútil, pero la cirugía de reemplazo permite movimiento a la articulación casi de inmediato. El dolor, por lo general, no es tan malo.

Fractura de la tibia

La tibia llega a una superficie aplanada que forma parte de la articulación de la rodilla.

El caso de Stella

A los 50 años de edad, Stella se rompió la tibia de la manera más común: tropezándose con la orilla de la banqueta. La repentina presión intensa de todo el peso de su cuerpo provocó que la superficie superior del hueso penetrara la parte esponjosa y cancelosa que hay debajo. El hueso afectado sanó, pero la rodilla de Stella seguía doliendo y permanecía inestable. Por fortuna las operaciones de reemplazo de rodilla son un estándar en los centros ortopédicos más grandes, y la nueva rodilla de Stella es todo un éxito. Ahora ella se preocupa por revisar cualquier posible avance de su osteoporosis.

Fractura de tobillo

El tobillo puede fracturarse a todas las edades, incluida la edad madura y la vejez, con la osteoporosis. Por lo general, la fractura sana satisfactoriamente con un yeso especial, lo mejor debido a todo el peso que se ejerce en él. La curación se retrasa si la persona descansa. Si hay algún desplazamiento de la fractura, la pieza que queda suelta se fija en su posición con tornillos. La recuperación es sencilla.

Fractura metatarsal

Es muy fácil romperse uno de estos huesos de los pies cuando se cae en un agujero sin darse cuenta o cuando giramos el pie. La fractura sana bien y sólo necesita unas tiras en el pie para aliviar el dolor y darle soporte.

Fracturas de columna vertebral

Vértebras del cuello o cervicales

Una fractura es uno de estos huesos rara vez se debe a la osteoporosis, pero en necesario averiguar la causa de inmediato.

Espalda baja o vértebras lumbares

Estas también son afectadas frecuentemente por osteoporosis, causando usualmente dolores de espalda. No se puede aliviar el dolor de espalda lumbar o torácico entablillando, pero el reposo en cama, por muy atractivo que pueda ser, no es la respuesta, pues involucra el riesgo de una trombosis venosa (un coágulo en la vena) y es muy probable que empeore la osteoporosis. Lo mejor es mantenerse en movimiento lo más que pueda y tomar analgésicos cuando se necesiten. El ataque siempre cede, en gran medida, al final.

Una pérdida de altura y un mayor encorvamiento de la espina se van dando lentamente para luego detenerse cuando las costillas inferiores tocan los huesos de la cadera. Esto puede ser incómodo, pero puede reducirse con analgésicos. Consulte el Capítulo 2 para tener más información sobre fracturas de la columna vertebral.

Cundo ha tenido la experiencia de romperse un hueso, y sabe lo fácil que puede suceder, en particular una segunda vez, por supuesto que le da miedo volver a caerse, pero la respuesta no está en tratar de mantenerse a salvo permaneciendo en casa, sino tomar medidas positivas. Investigue todo lo que pueda acerca de caídas, cómo ocurren y los pasos prácticos que puede dar para evitarlas. Todo esto lo encontrará en el siguiente Capítulo.

11

Caídas

El 95 por ciento de los huesos rotos, a cualquier edad, son resultado de una caída, y las fracturas representan dolor, incapacidad e interrupción de su vida normal. Una fractura de Colle, por ejemplo, implica que la persona no pueda conducir, que no pueda hacer la mayoría de los trabajos, limpiar la casa ni tocar el piano, mientras que una fractura de cadera implica una operación mayor y no le permite caminar durante algunas semanas. También significa riesgos serios.

Nadie planea caerse, pero tiene sentido hacer todo lo que se pueda por evitar caerse, aun cuando todavía esté entre los 40 y los 50 y de ninguna manera camina tambaleándose. Tómelo un poco más en serio si tiene 20 años más, esté consciente de cuáles son los riesgos o hágase una prueba de osteoporosis. Lo más importante es que tome medidas para evitar caerse si ya alguna vez se rompió un hueso: eso aumenta un 20 por ciento el riesgo de sufrir una nueva fractura.

¿Está usted en riesgo?

- ¿Es mujer?
- ¿Está delgada y no tiene carne de más que le sirva como acolchonamiento?
- ¿Es más alta de lo normal, con más distancia para caer?
- ¿Ya pasó la menopausia?
- ¿A veces siente que pierde el equilibrio?
- ¿Tiene algún problema en los pies o las articulaciones que interfiera con su modo de andar?
- ¿Sufre alguna forma de artritis, reumatoide u osteoartritis?
- ¿Toma pastillas para dormir?
- ¿Tiene que levantarse en la noche para ir al baño?
- ¿Ha dejado de hacer ejercicio?

Todos los "sí" que haya contestado son puntos negativos, es decir, indicativos de que su personalidad se encuentra en riesgo de sufrir una caída, y al paso de los años, en ambos sexos, aumenta este riesgo.

Mujeres

Los riesgos de por lo menos una caída este año son:

- uno entre cinco si tiene entre 60 y 65 años de edad;
- uno entre tres si tiene entre 80 y 85;
- uno entre dos si tiene más de 85;

Hombres

Están más protegidos por tener huesos más largos y pesados, para empezar, y simplemente por el sexo, además de que el aumento en edad provoca un incremento en la anchura de los huesos individuales, lo cual se aplica a todos ellos, incluidos los de la cadera y las vértebras: la sección transversal de estos últimos puede aumentar de un 25 a un 30 por ciento.

Comienza a equipararse con las mujeres en cuanto a vulnerabilidad después de los 80 años de edad, y el riesgo de sufrir cuando menos una caída en el año es de uno entre tres cuando se llega a los 85 años.

Detonantes de una caída

- El 50 por ciento se debe a un tropezón o un resbalón cuando se tienen menos de 60 años de edad.
- El 20 por ciento se debe a un desmayo, un ataque de gota o alguna interrupción en la función cerebral.
- Del 20 al 30 por ciento es causado por pérdida del equilibrio.

Naturalmente, las personas de más edad son las que están en más riesgo; si usted se encuentra entre ellas:

- Los ataques de gota son comunes y consisten en una repentina y breve falla del suministro sanguíneo a una parte del cerebro, de manera que la persona se cae sin advertencia alguna (y no puede protegerse), aunque se recupera de inmediato.
- Los reflejos se hacen más lentos, de tal manera que el paciente no puede poner los brazos a tiempo, o mover su cuerpo lo suficientemente rápido para prevenir o detener la caída.
- El órgano del equilibrio en el oído no es tan eficiente en esta etapa de la vida.
- Los músculos tampoco son tan fuertes en este periodo en que se vive una vida más tranquila.
- La presión arterial tarda un poco más en responder y enviar la suficiente cantidad de sangre al cerebro cuando el individuo de levanta, por lo que se puede sentir mareado cuando se para de la cama o de una silla.

- Algunas personas mayores no se molestan en comer lo suficiente y esto puede dejar al cerebro con una insuficiencia de azúcar.

Un punto importante es que si usted siente que la cabeza le da vueltas cuando se levanta de una silla, no es muy probable que se lastime aunque se caiga; del mismo modo, puede sentirse mareado cuando va al baño, pero por lo general no se lastima. Las situaciones más peligrosas son cuando está parado quieto o caminando muy despacio, cambiando de dirección, tratando de alcanzar algo o bajando lentamente las escaleras.

El caso de Sylvia

Sylvia tenía 75 años de edad. Tomara o no algún líquido después de las seis de la tarde, por lo general iba una o dos veces al baño por la noche. En ocasiones tomaba una tableta de temasepam para poder dormir y fue en una de esas ocasiones que se levantó a las dos de la mañana y se sintió ligeramente mareada y desorientada de camino al baño. Tenía prisa por llegar al sanitario a tiempo, pero su circulación no había tenido suficiente tiempo para ajustarse a la posición vertical después de tres horas y media de estar en la horizontal. Había comenzado a avanzar lentamente cuando se cayó. Esta vez sólo sufrió unos moretones.

Ahora, ella espera unos minutos, sentada en el borde de la cama antes de pararse. Como le angustia la posibilidad de que su vejiga no pueda esperar, ha tomado la decisión de usar una toalla de incontinencia por las noches, por cuestiones de seguridad.

Lista de factores de riesgo

Medicinas que pueden provocarle mareo

- Pastillas para dormir, como temazepam.
- Todo tipo de tranquilizantes, desde diazpan hasta clorpromazina.
- Antidepresivos, como Surmontil o Serotax.
- Medicinas para la presión, como Hypovase (prazocin).
- Tabletas de agua del tipo "rizo", como Burinex, que actúan muy rápido (estas dos últimas puede bajar la presión sanguínea mucho).
- Tabletas para la diabetes como Glibenese (glipizida), que pueden dejar el cerebro sin azúcar.
- Digoxina, que reduce el ritmo cardiaco, y otros medicamentos para el corazón.

Problemas físicos

- Artritis o reumatismo.
- Mal de Parkinson.
- Desórdenes en los pies.
- TIA: siglas en inglés para ataques isquémicos transitorios, breves periodos de insuficiencia de sangre en el cerebro, con arterias sucias.
- Enfermedad del corazón.
- Mala visión debido a cataratas y otras causas.
- Depresión, le apaga tanto física como mentalmente.

Ambiente — exterior

- Hielo, nieve, pisos mojados.
- Suelo disparejo.
- Superficies resbalosas.
- Pendientes muy inclinadas.

- Lugares desconocidos.
- Subir y bajar de autobuses.
- Todo tipo de escaleras.
- Aglomeraciones.

Riesgos en casa

- Alfombras y tapetes sueltos, en especial los de las escaleras.
- Pisos mojados o demasiado pulidos.
- Cables atravesados.
- Mesas, bancos y sillas bajos.
- Desorden, no hay para dónde moverse.
- Mala iluminación, especialmente en rellanos de escaleras.
- Una cama demasiado alta o baja.

Personales

- Zapatos grandes, en particular las pantuflas, mala sujeción de los mismos, tacones altos, suelas resbalosas.
- Faldas largas con las que se puede tropezar, subir escaleras.
- Ropa interior demasiado larga.
- Usar los anteojos equivocados.
- Bastón a una altura inadecuada.

Prevención, acción positiva

- Elimine los factores de riesgo antes mencionados que se apliquen en su hogar.
- Platique con su médico, si está tomando varias medicinas, para saber si todas son necesarias, o si se puede reducir la dosis.

- Coma suficiente comida, adecuada, para evitar la tendencia a bajar de peso, prestando atención especial a la ingesta de calcio y vitaminas.
- Fortalezca sus músculos con ejercicio (vea la p. 187): los de la fisioterapia, caminar y nadar.
- Procure caminar con brío, es bueno para los huesos y menos nocivo si se cae.
- Si tiene algún problema específico para caminar, por ejemplo por Parkinsonismo, haga algunos ejercicios para que mejore.
- Pida al fisioterapeuta que le enseñe ejercicios de equilibrio, si tiene algún problema con esto.
- En particular si su equilibrio no es seguro y su confianza es poca, pruebe con protectores de cadera de poliuretano. Tal vez no sean muy glamorosos, pero en un experimento reciente hecho en Estados Unidos, el número de fracturas de cadera se redujo en una mitad hasta dos tercios en esas personas que usaron estos dispositivos, pues reducen el impacto en la cadera un 20 por ciento.
- Finalmente, incluya algunas cosas positivas en su programa, pero no las mismas de Ben.

El caso de Ben

Cuando Ben tenía 68 años pasaba mucho tiempo en el jardín y eso le provocaba sed. La pipa tenía un efecto similar. Una tarde fue al León Rojo a tomar unos tragos con sus amigos, con la pipa, como siempre, en la boca, pero no se dio cuenta de que cuando uno envejece no metaboliza el alcohol de manera tan eficiente como cuando se tienen 40 años de edad. Y tampoco se le ocurrió que sus huesos estaban dañados debido a toda una vida de consumo de cerveza y tabaco. Cuando regresó a casa, una tarde fría, resbaló y cayó contra un poste, y se rompió el hombro derecho. Sanó muy bien en el transcurso de las siguientes cinco o seis semanas, pero su problema principal fue que ya no pudo tomar cerveza durante varios meses después. La caída de Ben se debió a una de las principales causas… ¡para los hombres!

12

Estados de ánimo y emociones

Por supuesto que sus huesos son importantes, pues son el armazón de su cuerpo, pero lo que importa muchísimo más es su manera de pensar, lo que siente, sus amores y temores y cómo reacciona a lo que la vida le presenta, incluida la osteoporosis.

El estrés y la depresión, por sí mismos, inciden en el bienestar de sus huesos y aumentan los riesgos de la osteoporosis.

El estrés es universal, y no podemos escapar de él, por lo que en diferentes momentos de la vida puede centrarse en el dinero, las relaciones, el trabajo o la salud. El estrés emocional provoca un flujo de cortisona, el esteroide que el cuerpo elabora, tan dañino para los huesos como la medicación con esteroides. Provoca pérdida de masa ósea, reduce la BMD e interfiere con la absorción de calcio. Las maniobras anti-estrés son tranquilizantes naturales: charlar con el cónyuge, los amigos y los colegas, salir a pasear al campo, escuchar música, leer una novela, ver la televisión, y la invaluable compañía de su perro o su gato. El ejercicio físico es un gran reductor DIY del estrés, y dormir nos restaura mejor cuando nuestros músculos sólo están cansados, no agotados o extenuados-preocupados.

La depresión es la pesadilla de todos los trastornos crónicos, incluida la osteoporosis y, al igual que el estrés, es nociva por sí misma. Perder la motivación significa que no le interesan las sensatas medidas precautorias que debe tomar contra la osteoporosis. La comida pierde el sabor, lo cual reduce su preocupación por seguir una buena dieta. Cuando la persona no duerme bien, se reduce el tiempo necesario para la reparación de tejidos, lo cual es esencial para los huesos si es mayor de 30 años. Finalmente, la depresión nos vuelve más lentos tanto física como mentalmente, y la falta de movimiento es letal para los huesos y los músculos. Vencer la depresión, y el estrés, es importante siempre que aparece, pero como es una reacción común y comprensible a la osteoporosis establecida, se considera con más detalle más adelante (vea la p. 172).

Ansiedad

Es una respuesta natural en los días siguientes al diagnóstico de la osteoporosis, ya sea por detalles sospechosos que aparecen en los rayos X, por una fractura inesperada, o por un intenso dolor de espalda, repentino, o tal vez le preocupe descubrir que ahora su estatura es menor. La ansiedad es prima hermana del estrés: no se puede uno relajar, pierde el sueño y tampoco se concentra; incluso puede perder el apetito o, en contraste, no puede dejar de comer, y se vuelve irritable con sus seres queridos o sus compañeros de trabajo. Y puede pasarse mucho tiempo pensando en los posibles efectos de la enfermedad y sintiendo autocompasión.

Algunos tranquilizantes o tomar bebidas frías pueden hacerle sentir mejor un tiempo, pero son perjudiciales a la larga porque, inevitablemente, conducen a la depresión. La ansiedad requiere ayuda, de preferencia profesional, con ejercicios físicos y bebidas preparadas con leche entera como sedantes. Una vez que la persona logra superar la ansiedad, es recomendable que averigüe hechos relacionados con la osteoporosis —como lo está usted haciendo ahora— y que luego converse con su médico o enfermera.

Posibles consecuencias de la osteoporosis

Físicas

Dolor, en la espalda o en el área de la fractura.
Menor actividad, obligada.
Encorvamiento, pérdida de altura.
Debilidad muscular.
Se cansa con facilidad, tiene menos energía.
Pérdida de la independencia.

Psicológicas

Estrés por querer vencer las dificultades.
Sueño inquieto debido a las preocupaciones y la incomodidad.
Depresión, baja auto imagen.
Sensación de poca valía, incluso de ser un fastidio.
Miedo al futuro.
Sentirse enojado, impotente.

Para enfrentar la situación

Cuando la osteoporosis no es más que un pequeño dolor de espalda y un poco de rigidez, es pan comido, y se puede manejar bien. Algo muy distinto si se sufre de un intenso dolor de espalda cuando se está parado o sentado durante mucho tiempo, digamos un par de horas, o cuando necesita inclinarse hacia adelante, por ejemplo en un escritorio. Y es aún más difícil de manejar cuando afecta todas sus actividades normales: conducir, hacer las compras, hacer las tareas del hogar, trabajar con el teclado o tener actividades sociales. Lo que empeora las cosas es que todo el mundo: familiares, amigos y colegas, esperan que usted sea el mismo que siempre fue; no se dan cuenta que necesitan cambiar sus expectativas tanto como usted.

El caso de Miriam

Miriam había sido una estupenda abuela cuando tenía poco más de 50 años, el pilar de su hija en la crianza de sus primeros dos hijos. Ahora Miriam tiene 64 años y ha desarrollado osteoporosis, con fracturas de compresión en la espina dorsal que con frecuencia le provocan dolor de espalda. Le costó trabajo explicarle a su hija que, simplemente, ya no podía cargar a Rory, su tercer nieto, un pequeño entre uno y dos años de edad, de poco más de 15 kilos, o incluso agacharse a recoger sus juguetes. Ya no tenía la fuerza y le dolía la espalda. Miriam se sentía humillada.

De hecho, no todo era tan malo. La hija de Miriam comentó que era muy agradable, para ella y para sus hijos, tener una abuela que se comportaba como tal, sentada en un lugar, leyendo cuentos y disfrutar la comodidad que necesitaba. Su papel ya no estaba en conflicto con el de la madre.

Depresión

Todos los que pertenecemos a la generación de los ancianos odiamos, totalmente, pedir ayuda a nuestros hijos... ¡cuando nosotros siempre hemos sido los fuertes y competentes! El sentimiento de poca valía es el camino más rápido a la depresión clínica; otros síntomas son la pérdida de concentración, la pérdida de interés en las cosas que antes nos parecían importantes, la confianza en uno mismo desaparece, y se da la tendencia a renunciar, lo cual establece un círculo vicioso. Un rostro deprimido se parece a uno disgustado, y de nada sirve que la persona se preocupe por su apariencia, pues nada le agrada y todo lo que dice es negativo.

Los demás puede mal interpretar las cosas y comenzar a resentir la falta aparente de interés de quien se siente deprimido, y lo pueden considerar indiferente, gruñón y desagradecido. Si la osteoporosis empeora, igual pasa con la depresión, van unidas. Usted necesita ayuda, y de manera urgente. Uno de los mejores antidepresivos para algunas mujeres después de la menopausia es la HRT, mientras que para otras lo son los antidepresivos modernos y estándar, los SSRIs (siglas en inglés de inhibidores selectivos de la toma de serotonina). Sin embargo, los tratamientos "hablados" —la psicoterapia o la simple consejería— son más seguros y, con frecuencia, más efectivos. Vea más adelante.

El caso de Beryl

Beryl tenía 80 años. Fue bailarina en su juventud, admirada por su apariencia y su figura. Ahora es 10 cm menos alta, tiene la espalda curvada y, lo que más la angustia, un estómago abultado. Reducir la cantidad de alimento ingerida no ha servido de nada. Beryl comenta que no le gusta aquello en lo que se ha convertido: una persona vieja y fea, y sabe que también, a menudo, es cascarrabias. Los largos días se extienden ante ella inútiles y, aunque duerme bien, se despierta a las pocas horas, totalmente alerta, pero mucho tiempo antes de que sea la hora de levantarse. Su cuerpo se siente cansado, pero no le duele en realidad, y su depresión ha sido una reacción a su situación más que una enfermedad mental.

Su hija, Olivia, no soportaba ver a Beryl tan diferente de la mujer confiada y vibrante que era y la llevó con el médico, quien no le dedicó mucho tiempo pero fue eficiente. Le prescribió alendronato y calcio extra, además de que ingresó a la renuente Beryl a un curso de terapia cognitiva con un psicólogo clínico, un método de tratamiento que hace innecesario el consumo de antidepresivos en muchos casos. A Beryl se le enseñó a dejar a un lado el hábito de ver, automáticamente, el lado negativo de las cosas y esperar malas noticias a cada momento.

La primera tarea fue destacar los valores de esta mujer, la segunda fue encontrar la manera de darles uso y la tercera fue agregar algunos elementos nuevos. Todo esto sucedió hace un año, y ahora Beryl está trabajando en sus recuerdos y se ha unido a un grupo local de escritores en donde se brindan ayuda mutuamente. Ella es reconocida por su conocimiento de primera mano de los sucesos de los años 50 y 60, y un poco antes. Con nuevos intereses y conocidos, la personalidad y confianza de Beryl han comenzado a resurgir. Su anterior disciplina profesional le permitieron volver al camino del ejercicio regular: en casa, saliendo a caminar y nadando en una alberca cercana a su domicilio. Otro punto importante es el entendimiento y las bromas, que las demás personas no saben apreciar, en el Grupo de Osteoporosis.

El cambio positivo final es su constante compañero, Hudson, un gran amigo de color de Cat Rescue. Olivia ya no está preocupada por la constante idea de que la vida de su madre sea solitaria y miserable.

Desorden de ajuste

Todas las personas que tienen osteoporosis responden a su manera. Puede ser muy angustiante tener que cambiar nuestro estilo de vida, como sucede con otras enfermedades de largo plazo, pero el secreto está en cultivar una actitud positiva hacia los cambios inevitables, pero esto es algo más fácil de decir que hacer. A medida que envejecemos, digamos a partir de los 45 años de edad, nos aventuramos menos y preferimos lo conocido, lo familiar, pero los importantes cambios de la menopausia a los 50 aproximadamente representa una gran cantidad enorme de modificaciones en el estilo de vida. Los hijos crecen y nuestro papel en relación con ellos entra en una nueva fase sin que estemos más a cargo. Nuestros propios padres están envejeciendo y ellos, a su vez, necesitan ayuda y consejo. La salud de nuestra pareja también puede empezar a cambiar, en particular si es algunos años mayor que nosotros. La jubilación está cerca.

Esta etapa de la vida es como una carrera a campo traviesa con muchos obstáculos por vencer, aunque también hay una serie de recompensas si las busca uno. La necesidad más urgente está más allá de continuar su carrera o, simplemente, conservar su empleo, ahora hay que cambiar las prioridades. Planificar con anticipación para no perder el contacto con los viejos amigos y hacer otros nuevos, ver a los hijos y los nietos, desde luego, y tener encuentros agradables incluso con personas que apenas conocemos.

Valore sus capacidades físicas, ¿qué puede usted hacer? Si puede caminar 100 metros, póngase como meta 200. Si cerca de su casa hay una alberca, nade o haga algún tipo de ejercicio en el agua para estimular a su organismo y fortalecer los músculos. Inscríbase a un club o forme parte de un grupo: político, musical o social, el tema es lo de menos, lo que importa es la gente. Vea qué puede conseguir en la biblioteca pública. Finalmente, aproveche el entretenimiento gratuito y constante que ofrecen la TV, la radio e Internet. Revise la programación para que pueda seguir la información sobre algo que le interese, y asegúrese de tener un café preparado para que pueda ver o escuchar lo que le interesa de una manera cómoda y agradable.

El caso de Edna

Edna todavía no cumplía los 60 años de edad cuando la osteoporosis la obligó a retirarse uno o dos años antes de lo que ella pretendía. Había sido estilista y ya no podía mantenerse de pie tanto tiempo, ni agacharse sobre la cabeza de sus clientas. Por lo general no le había importado vivir sola, pero ahora se sentía aislada y extrañaba la compañía y la charla. Para adaptarse a su nueva situación, se inscribió en un club social de personas de más de 50 años y se volvió un miembro activo del Partido Laboral local. El teléfono era su conexión con el mundo cuando el clima era malo.

El caso de Joan

Joan entró en una mala racha cuando se fracturó la cadera. Apenas tenía 56 años y la operación salió bien, pero el momento fue de lo más inoportuno. Su hija menor, después de una relación desastrosa, había encontrado al hombre de sus sueños: un muy buen partido por donde se le viera, y Joan estaba ansiosa por tener un papel activo en los preparativos de la boda y andaba por todos lados con su bastón atravesándose en el camino de todo el mundo. Al tratar de hacer muchas cosas en poco tiempo, se resbaló en el piso de parquet y temió haberse dislocado su nueva articulación. Estaba inflamada y le dolía mucho, pero los rayos X mostraron que todo permanecía en su posición. Sin embargo, ella debía tener mucho cuidado.

Era un momento de transición en su vida. Joan hizo el trabajo "secretarial" de la boda, es decir, llamar por teléfono al servicio de banquetes y contestar las cartas, mientras que la generación más joven llevó a cabo las tareas genéricas. Fue un éxito, así que Joan preparó un nuevo plan de vida para ella dando énfasis a actividades que no fueran físicas. Un pequeño deleite fue descubrir que tenía el don de escribir versos para tarjetas de felicitación, un pequeño ingreso extra que le ayudó a pasar el tiempo mientras su cadera lesionada sanaba. Después lo siguió haciendo por gusto, e hizo unos arreglos para regresar a su trabajo en Trumbles en un programa de medio tiempo.

Joan ya no se lamenta de sus pérdidas, sino que enfrenta cada cambio como un reto, y ella es una ganadora.

13

Medida preventiva 1: Estilo de vida y ejercicio

La prevención viene en dos paquetes: el primero es evitar la osteoporosis en sí —y para esto hay que comenzar joven—, y el segundo es evitar que empeore si es que ya ha empezado a desarrollarse, que es la situación más común.

Por su hija, y de manera menos importante —por que es menos vulnerable—, por su hijo, y por usted mismo si tiene menos de 25 años de edad, la mayor prioridad es construir una masa ósea sustancial. A los 30 años dicha masa se encontrará en su punto máximo, con una tendencia a una pérdida ósea muy gradual a partir de entonces. Su masa ósea pico es su cuenta de ahorros, de la cual se hacen retiros sólo por necesidad, por ejemplo durante el embarazo o después de una fractura, y no en las fluctuaciones cotidianas. La construcción de masa ósea depende de una dieta sana, abundante calcio y un estilo de vida saludable para los huesos.

La dieta es muy importante y merece un capítulo dedicado exclusivamente a ella (Capítulo 14), mientras que los hábitos de vida sanos son algo que uno espera inculcar en los jóvenes y seguir uno mismo, durante toda la vida.

Los hábitos de sueño adecuados también son una obligación para que puedan llevarse a cabo las reparaciones del desgaste que ocasionan nuestras actividades diarias, pero dormir demasiado —más de ocho horas— es contraproducente, así como lo es tener demasiado reposo físico. Los jóvenes de hoy se encuentran en un riesgo particular debido a lo atractivo de los juegos de computadora, la televisión y la Red, que son una amenaza para sus huesos.

La falta de movimiento y ejercicio tiene un efecto debilitante en el hueso trabecular en particular y altera, en realidad, su estructura interna. Las dos áreas más vulnerables son las vértebras y el cuello del hueso del muslo pues, en ambos, una pequeña zona de hueso trabecular sostiene casi todo el peso del cuerpo.

Por supuesto, un buen estilo de vida incluye alimento tanto para la mente como para el cuerpo: seguir aprendiendo y disfrutar de la inspiración y el deleite que ofrecen la música, el arte, la literatura y el entretenimiento, pero estos no hablan mucho de ejercicio.

¿Por qué es tan especial el ejercicio?

El hueso es un tejido vivo, metabólicamente activo, es decir, que constantemente está cambiando y se está renovando, y el ejercicio es esencial para hacer esto. Levantar pesas es el único tipo de ejercicio que estimula la parte de la formación ósea del ciclo infinito de eliminar el tejido viejo, renovarlo y remodelarlo. Uno de los principales problemas de viajar en el espacio es que los astronautas, al encontrarse en un ambiente ingrávido, pierden hueso a un ritmo desastroso, y sin la gravedad para trabajar en contra de esto, resulta muy difícil crear ejercicios para los huesos que ejerzan en ellos la presión necesaria.

Ninguna cantidad de calcio, vitamina D o HRT compensa la falta de ejercicio levantando pesas. Los jugadores de futbol son los más susceptibles a sufrir fracturas de estrés al principio de la temporada que después de semanas de entrenamiento. Lo mismo sucede con los nuevos reclutas del ejército: la instrucción militar mejora su resistencia ósea, así como sus músculos. Las personas que viven en las montañas desarrollan huesos más fuertes que aquellas que viven en un departamento... de nuevo, todo es cuestión de ejercicio. Entre los campeones de tennis, la densidad mineral ósea (BMD) en el brazo dominante, el que da los mejores golpes, es más elevada que en otro, mientras que los atletas en general tienen una masa ósea un 20 a 30 por ciento mayor que la de los trabajadores sedentarios.

El ejercicio puede limitarse mucho durante una enfermedad, como lo artritis o en el caso de una hemiplejía (parálisis parcial) después de un derrame cerebral, pero sigue siendo trascendental hacer todo lo que se pueda hacer. En un estudio, hombres sanos que han tenido que estar en reposo después de recuperarse de algún evento de discos desplazados, perdieron la BMD de los huesos de la espalda a un ritmo del uno ciento por semana, y les tomó cuatro meses de removilización recuperarlo. La falta de uso conduce a la resorción, lo que es igual a pérdida de sustancia ósea.

Son el estrés y las tensiones repetidas en los huesos provenientes de las actividades diarias las que los mantienen fuertes. Cuatro horas de pie al día es el mínimo necesario para mantener sanos los huesos de una mujer, y esto, definitivamente, reduce el riesgo de una fractura de hueso.

Juniors

Sus huesos van a seguir creciendo hasta casi los 30 años de edad, y los huesos en crecimiento son particularmente responsivos al ejercicio... o a la falta de él. Los jóvenes pueden beneficiar sus huesos con una amplia variedad de actividades que involucren soportar o levantar peso: caminar, correr y bailar; saltar, trotar y brincar; los juegos de pelota, desde el tennis hasta el jockey o el futbol; actividades atléticas o escalar montañas; hacer aeróbicos o, sencillamente, subir y bajar escaleras. Sin embargo, no todo es dicha, pues el ejercicio es un arma de dos filos.

Hacer demasiado, por ejemplo un atleta que está entrenando y las chicas anoréxicas obsesivas con el ejercicio, suprimen la producción de las hormonas sexuales que se necesitan para tener huesos fuertes. Las muchachas que tienen una menarca temprana (el inicio de los periodos) poseen una densidad ósea particularmente alta, con resistencia a las fracturas, mientras lo opuesto sucede cuando hay una pubertad retrasada. Las deportistas y otras que están en entrenamiento antes de la menarca, o el flujo equivalente de testosterona en los hombres, retrasan su desarrollo sexual unos dos años. No alcanzan toda su altura potencial ni logran la masa ósea que habrían tenido. La amenorrea —ausencia de los periodos mensuales— , cuando ocurre, siempre tiene que ver con una pérdida ósea indebida, y con un alto grado de osteoporosis al momento o algunos años después.

El caso de Midge

A los 11 años de edad, Midge era el orgullo de su escuela y fue colocada en un entrenamiento atlético bastante serio. Estaba contenta por no tener que preocuparse por los periodos cuando sus amigas ya los tenían, y todavía no le llegaban cuando cumplió 16 años y estaba en el equipo olímpico junior. Su punto fuerte particular era el salto de altura y se encontraba en un momento de práctica cuando calculó mal y cayó terriblemente. Sólo se rompió el tobillo, pero eso impidió que hiciera cualquier deporte el resto de la temporada. Los rayos X mostraron unos huesos porosos y transparentes debidos a la osteoporosis, a los 17 años, aunque había estado siguiendo una dieta abundante en calcio.

Esto la atemorizó, por lo que sus padres, después de mucho reflexionarlo, decidieron sacarla de las competencias deportivas. El tratamiento hormonal dio lugar al inicio de sus periodos a los 18 años y con ejercicio gradual y una dieta planificada personalmente pudo recuperar lo perdido. Ahora su juventud está de su parte. Desde luego, a Midge no le gustó perder su estatus como deportista destacada, pero ahora puede disfrutar de una adolescencia normal en la que ya no tiene que dedicarle tanto tiempo al entrenamiento.

Adultos

Los hombres no son inmunes, pero son las mujeres las que dan cuenta del 90 por ciento de las víctimas de osteoporosis y para quienes un estilo de vida sensato es esencial si quieren evitar problemas posteriores. Hay trampas que se deben evitar y que también aplican a los varones:

Fumar

Todos sabemos que es malo para la garganta, los senos nasales y los pulmones, pero también es perjudicial para nuestros huesos, de una manera absoluta. La menopausia comienza antes en las fumadoras porque se produce menos estrógeno y se metaboliza con mayor rapidez. La grasa también puede estar reducida, y la masa de grasa es la que protege los huesos.

Alcohol

En cantidades semanales mayores a las 28 unidades recomendadas como límite para los hombres y 21 para las mujeres, el alcohol definitivamente reduce la resistencia ósea.
Una unidad es la mitad de una pinta de cerveza, una copita
de licor o un vaso de vino pequeño.

Cafeína

La cafeína en exceso —más de seis tazas de café al día—
también daña los huesos, pero es menos nociva si se toma
en té.

Medicinas y otros fármacos

La regla es evitar los fármacos recreativos cuyo efecto en el
hueso es desconocido, y cualquier ingesta regular de los
fármacos que se compran sin receta médica. Usted no puede evitar todo el tiempo las medicinas que le prescribe el
doctor en bien de su salud, pero, por lo menos, el estar consciente de los posibles peligros le permitirá no excederse en
la dosis.

- Los esteroides son una gran ayuda en muchos desórdenes, pero dañan seriamente los huesos, reducen la
  BMD, la masa ósea y el número de osteoblastos, las
  células óseas útiles.
- La tiroxina, la principal hormona de la tiroides, a menudo administrada en exceso para tratar una tiroides
  poco activa, acelera el reemplazo ósea y eso aumenta
  su pérdida.
- Anti epilépticos.
- Heparina, administrada para evitar coágulos.
- Litio, usado en algunas serias enfermedades psiquiá-
  tricas.

- Citotóxicos, usados en la quimioterapia contra el cáncer.
- Fenotiazinas, principales tranquilizantes usados en la esquizofrenia.
- Tamoxifen, un anti estrógeno, particularmente cuando se administra antes de la menopausia.
- Teofilina, un medicamento salvavidas para el asma.
- Nitritios, usados en el tratamiento de la angina.
- Aluminio, presente en algunas medicinas para la indigestión.
- Sobre carga de hierro.

En contraste, la HRT, o terapia de reemplazo hormonal basada en los estrógenos, siempre es benéfica para los huesos. Si se prescribiera de manera rutinaria a todas las mujeres menopáusicas, sin duda habría menos casos de osteoporosis en el mundo; no obstante, no es apropiada para todo el mundo ni a cualquier edad, y existen otros métodos para mantener en buenas condiciones los huesos.

Si usted está embarazada o amamantando, sus huesos están íntimamente involucrados en proveer el suministro de calcio que necesita el esqueleto y los dientes del bebé, pero los suyos también deben tomarse en cuenta. Desde luego, no debe usted fumar ni beber por el bien de su bebé. Y también habrá modificado su dieta (vea la p. 192), y estará haciendo un poco de ejercicio para recuperar su figura, todo lo cual beneficiará a sus huesos.

Ejercicio

Si está entrando a la menopausia, ha estado enferma, ha tratado de adelgazar y ha perdido sus periodos en alguna etapa pasada de su vida, su resistencia ósea puede estar afectada y no puede ponerse a hacer todos los ejercicios apropiadas para una joven. Del mismo modo, si usted ya sabe que tiene osteoporosis o sufrió alguna fractura, no debe realizar un deporte violento, pero el ejercicio apropiado puede ahorrarle muchos problemas relacionados con sus huesos. Entre los beneficios del ejercicio en su organismo se incluyen:

- reducir la tasa de pérdida ósea a medida que envejece;
- la oportunidad de aumentar su masa ósea... un poco;
- mayor bienestar físico;
- mayor confianza en sí misma a medida que se siente más fuerte;
- disminución del dolor de espalda crónico;
- menor dolor en los tejidos blandos: músculos, ligamentos y tendones;
- menos fatiga muscular, en particular en la espalda;
- mayor estabilidad al estar de pie y al caminar;
- mejor postura y equilibrio;
- posibilidad de realizar más actividades.

Un estudio reciente hecho en personas que ya sufrieron una fractura o una fase de dolor de espalda agudo, comparó el resultado en quienes hacían ejercicio de manera sistemática y los que no hacen nada. Sólo tres personas del grupo que hace ejercicio presentaron fracturas vertebrales, comparadas con las 10 que las tuvieron del grupo que no hace ejercicio. Por otra parte, 32 de los activos ejercitadores se deshicieron de la mayor parte de su dolor de espalda, comparados con 11 de los del otro grupo.

Después de una fase aguda de dolor de espalda o una fractura

Los ejercicios isométricos son un principio seguro, por muy pronto que se hagan. Tienen que ver con tensar los músculos pero sin ningún movimiento involucrado. Apriete cada músculo o grupo de músculos a la vez, sosteniendo la tensión mientras cuenta hasta cinco. Repita, digamos, unas 10 veces.

Estos ejercicios no causan daño y fortalecen los músculos, lo que hace que sea menos probable que la persona se caiga, además de que benefician a los huesos. De este grupo se puede avanzar a los ejercicios sugeridos por el fisioterapeuta o el médico.

No:

- salte, brinque ni sacuda bruscamente la espalda o las articulaciones;
- haga girar el torso;
- levante nada pesado o desde un lugar muy bajo;
- haga ejercicios de flexión, inclinándose hacia delante, por ejemplo, para tocarse la punta de los pies;
- trate de seguir los ejercicios de los videos comerciales, a menos que sean específicamente para pacientes con osteoporosis;
- use un aparato de remo.

Caminar es un buen ejercicio que beneficiará a sus huesos. Utilice el armazón de Zimmer o bastones para caminar, si es necesario, y avance:

Prescripción para caminar

Primera semana	15 minutos al día
Segunda semana	20 minutos al día
Tercera semana	25 minutos al día

Y luego aumente cada semana cinco minutos hasta que llegue a una hora. Procure aumentar caminar una hora unas cinco veces a la semana, de manera indefinida. Asegúrese de que su calzado sea cómodo y de buena calidad.

Personas mayores

La espalda, los glúteos y los músculos de la espalda tienden a perder su resistencia con la edad. El ejercicio previene o corrige esto, así como el tono muscular, la coordinación, y la agilidad en general y el equilibrio también mejoran. Si tiene usted más de 80 o 90 años de edad, una serie de ejercicios adaptados a sus necesidades le darán el máximo beneficio, así que necesita ayuda de un fisioterapeuta.

Programa de ejercicios generales

Hacer una valoración de corazón y pulmones es un punto importante.

- *Caminar:* agite los brazos y camine un poco más rápido de lo que le resulta cómodo.
- *Nadar:* cualquier estilo de natación es bueno para los músculos de la espalda, pero no intente hacer la brazada de pecho si ya tuvo una fractura de cadera. Nadar de lado es más fácil en ese caso.
- *Andar en bicicleta:* Si usa una bicicleta fija, puede pedalear hacia delante y hacia atrás para ejercitar músculos diferentes.

Ni nadar, andar en bicicleta o usar un aparato del gimnasio podrán beneficiar directamente la resistencia de sus huesos porque el peso corporal está apoyado en algo, así que no deje que éstas sean sus actividades principales.

Ejercicios específicos para la espalda

1. Doble los codos, a un lado del pecho, y lleve hacia atrás los omóplatos. Sostenga y cuente hasta cinco.

2. Ponga las manos detrás de la cabeza, empuje los codos hacia atrás, respire profundamente, sostenga, y cuente hasta cinco. Relájese.

3. Acuéstese boca abajo con una almohada bajo su pecho y abdomen, los brazos a los lados. Levante la cabeza y los hombros. Cuente hasta cinco.

4. Póngase en posición a gatas. Levante una pierna, menténgala estirada, cuente hasta cinco.

5. Acuéstese boca arriba y levante las piernas con las rodillas estiradas, una a la vez y luego juntas, unos cuantos centímetros del piso. Sostenga.

6. Acuéstese sobre la espalda, con los brazos estirados arriba de la cabeza. Trate de aguantar lo más posible, con los dedos de los pies también estirados. Sostenga.

7. Acuéstese de lado y levante una pierda, recta, a un lado. Cuente hasta cinco. Haga lo mismo con el otro lado.

Se puede esperar un beneficio notable durante las 6 a 12 primeras semanas de ejercicios, o quizás un poco más si está afectado por la artritis o la escoliosis (curvatura de la espina hacia un lado). Luego de este periodo intensivo de ejercicio, se puede mantener la mejoría con dos o tres sesiones a la semana.

El caso de Adele

Adele tenía 59 años de edad. Complementaba las tres sesiones a la semana que daba clases en una escuela primaria con lecciones privadas de piano. Su ocupación era sedentaria y salía muy poco. De niña le habían gustado los juegos de equipo —baloncesto y béisbol para mujeres— pero ahora, además de nadar en los días festivos, casi no hacía ejercicio.

Fue desde el cambio que ella notó un dolor en la espalda, en particular cuando se agachaba sobre el piano, al dar sus clases, y se fue haciendo tan fuerte que acudió al doctor, quien le diagnosticó osteoporosis. Adele ya estaba tomando HRT y comía lo que ella consideraba una excelente dieta que le proporcionaba abundante calcio, pero, siguiendo el consejo del médico, dejó de consumir carne roja y la sustituyó con pescado y queso.

La espalda le siguió doliendo hasta que pudo hablar con un maestro de la escuela que era un fanático anti osteoporosis; él la convenció de que la clave para su problema era el ejercicio y le enseñó algunos de estiramiento de la espalda, además de que la animó a caminar 15 minutos todos los días hasta llegar a 40 minutos tres veces a la semana. Para su sorpresa Adele se dio cuenta un día de que ya no tenía ese molesto dolor. Esto fue unos seis meses después, pero ya no podía dejar de hacer ejercicio o había riesgo de que sufriera una recaída. No obstante, ella se ve y se siente mejor.

14

Medida preventiva 2: Nutra sus huesos

¿Cómo puede hacer que sus huesos sean sanos y fuertes y pueda prevenir la osteoporosis? O, sí ya hizo presa de usted, ¿cómo puede mantenerla bajo control? La respuesta es con la dieta.

Nuestra alimentación se divide en dos categorías: *macronutrientes* y *micronutrientes*. Los primeros comprenden las tres clases principales: carbohidratos, que proporcionan energía, como el pan, el arroz y las papas; proteínas, como la carne y el queso, esenciales para la construcción y reparación de tejidos; y grasas, como la crema, el aceite de oliva que crea una especie de depósito de almacenamiento para energía extra y dan una especia de acolchonamiento en las partes óseas. Se requieren cantidades sustanciales de estos alimentos, en particular de los carbohidratos, para que el cuerpo funcione bien.

En contraste, sólo son necesarias pequeñas cantidades de micronutrientes, pero la vida y la salud dependen de ellos; se trata de las vitaminas y los minerales, y el cuerpo necesita varios de ellos, aunque dos son los ingredientes cruciales: el calcio y la vitamina D, y todas las dietas encaminadas a fortalecer los huesos dependen de ellos, pues trabajan de manera conjunta.

Calcio

Cuando la especie humana evolucionó, en el este de África ecuatorial, había una super abundancia de calcio y vitamina D. La dieta del hombre primitivo se basó en la casa y la recolección de bayas, nueces y raíces, y más tarde incluyó la cría de animales y beber su leche. Eso les proporcionaba de 2,000 a 4,000 mg de calcio al día, comparado con el promedio de 500 mg que hoy se encuentra en la dieta occidental. Para evitar la sobre carga, el intestino absorbía sólo un 5 por ciento de la ingesta y ésa sigue siendo la situación ahora. Cuando el hombre aprendió a cultivar la tierra, apenas hace unos 10,000 años, eso significó que empezara a consumir cereales para su nutrición. Ellos cultivaron —y nosotros seguimos cultivando— los que les daban más carbohidratos, sin importar su contenido de micronutrientes. Contienen muy poco calcio, e incluso las frutas y las verduras que cultivamos hoy son favorecidas por el azúcar y el almidón que proporcionan.

Nuestros ancestros campesinos, de hace miles de años —probablemente las mujeres— se dieron cuenta de que algo estaba faltando en su dieta. Las indias de América Central agregaron limón a sus comidas preparadas con maíz, y las de los Andes usaron piedra pulverizada para dar más sabor a las gachas del cereal. En la Segunda Guerra Mundial, hicimos lo mismo en el Reino Unido, añadimos carbonato de calcio (tiza) al harina de trigo para hacer el pan nacional.

Las mujeres embarazadas de las áreas más remotas del sudeste de Asia siguen bebiendo un líquido rico en calcio que se hace a partir de remojar huesos en vinagre. Todavía no estamos tan avanzados, después de todo, con todos nuestros complementos de calcio, que son particularmente necesarios durante el embarazo y la lactancia. Además, el organismo tiene sus propios trucos para conservar los huesos de las madres, y absorbe más del calcio disponible de lo que lo excreta. Lamentablemente, no hay otro sistema similar para ayudar a los ancianos y sus huesos.

Cuánto calcio necesita: dosis diarias (recomendaciones en Estados Unidos)

Niños entre 1 y 5 años	800 mg
Niños a partir de los 6 años	800-1200 mg
Niñas entre 9 y 20 años	900-1200 mg
Niños entre 12 y 22 años	900-1200 mg
Adolescentes hasta los 24 años	1200-1500 mg
Mujeres embarazadas y lactando	1200-1500 mg
si son adolescentes	1500 mg
Mujeres entre los 24 y 45	1000 mg
Hombres entre los 24 y 65	1000 mg
Mujeres de más de 45 con HRT	1000 mg
Mujeres de más de 45 sin HRT	1500 mg
Hombres y mujeres de más de 65	1500 mg

¿Qué pasa con el calcio que comemos o bebemos?

Se absorbe una pequeña proporción, por lo que es vital para sus huesos que éste sea suficiente para cubrir sus necesidades.

- Los adultos logran retener del 4 al 8 por ciento de su ingesta.
- Los adolescentes y los adultos jóvenes retienen el 20 por ciento.

- Las mujeres embarazadas y las madres lactando también retienen el 20 por ciento.
- Los infantes retienen el 40 por ciento.

Si los suministros son inadecuados durante el periodo de crecimiento, los huesos tienen el mismo tamaño, pero la corteza es delgada y el panal del hueso trabecular es insuficiente, lo que representa un futuro riesgo de fracturas. Entre los 18 y los 50 años de edad, existe un vínculo positivo entre la cantidad de calcio que consume una persona y su masa ósea.

A partir de los 50, los intestinos absorben menos calcio y la masa ósea —la cantidad total de hueso en el organismo— disminuye gradualmente, sin importar cuánto mineral se consuma. Cada persona tiene su propio umbral individual, sobre el cual ningún calcio extra puede absorberse, pero es sólo con ingestas de más de 2,000 mg al día que los efectos secundarios pueden presentarse. El estreñimiento y algunas molestias ocasionales del sistema digestivo son entonces posibles.

Sólo se puede almacenar el calcio en los huesos, por lo que ellos dependen de un suministra constante externo que cubra las pérdidas naturales, pues el calcio se pierde:

- en la orina;
- en el sudor;
- en la piel, las uñas y el cabello.

Factores que mejoran la absorción del mejor calcio

- Comer carbohidratos al mismo tiempo que el alimento que contiene calcio, por ejemplo, pan y queso.
- Una enfermedad llamada sarcoidosis.
- Estrógeno, por ejemplo en la terapia de reemplazo hormonal (HRT).

- El ejercicio ayuda a que el calcio penetre en los huesos, pero no contrarresta un consumo bajo de calcio ni ninguno de los factores que inhiben su absorción. Hacer demasiado ejercicio es contraproducente.

Lo que dificulta la absorción de calcio

- Envejecer, especialmente a partir de los 50.
- La falta de la hormona sexual, por ejemplo con la menopausia o después de algunas operaciones ginecológicas o, en el caso de los hombres, una insuficiencia de testosterona.
- Algunas enfermedades crónicas: el mal de Crohn, afección celiaca, enfermedad del riñón.

Medicinas que interfieren con la absorción del calcio

- Las tetraciclinas, como la Acromicina.
- Los antiepilépticos, como el fenobarbital.
- Los corticosteroides, como la prednisolona.
- El aluminio en mezclas para la indigestión.
- La tiroxina.

Medicinas que aumentan la pérdida de calcio en la orina

Todas las que dificultan la absorción, más:

- tabletas de agua de "rizo", como la frusemida;
- isoniazida, usada en el tratamiento de la tuberculosis.

Peligros y desventajas que puede haber en la dieta

- Exceso de proteína animal: esto acelera el reemplazo óseo y aumenta la pérdida de calcio en la orina. Los vegetarianos necesitan menos calcio que las personas que acostumbran comer carne.

- Exceso de fosfatos, que compiten con el calcio. Se encuentran en las comidas rápidas, los alimentos procesados con aditivos, y las bebidas de cola.

- Cafeína, en particular el café de filtro y el té instantáneo, así como las bebidas de chocolate. El té es menos perjudicial porque refuerza el estrógeno; la algarroba puede ser un sustituto del sabor a chocolate; y la leche en el café puede ayudar en la absorción reducida del calcio.

- Los oxalatos: los vegetales verdes pueden ser una buena fuente si no contienen oxalatos que envuelven el calcio de manera que no pueda absorberse. Los oxalatos están presentes en las espinacas, los espárragos, el apio, el alazán, las fresas, el diente de león y las hojas de ruibarbo.

- Los fitatos previenen la absorción de calcio de una manera similar a los oxalatos. Se encuentran en la cáscara de los granos de cereal, en particular el trigo y en la avena. No a todos los escoceses les falta calcio, probablemente porque algunos son más liberales con la leche en sus copos de avena, y el centeno contiene una enzima llamada fitasa, que divide los fitatos. El pan blanco, en el que la parte externa del grano se muele, proporciona más calcio que el integral. Los fitatos también inhiben la absorción de hierro, magnesio, boro y zinc, los cuales se necesitan en cantidades mínimas para tener huesos sanos.

- El sodio, en la forma de sal, aumenta la pérdida de calcio en la orina. Se encuentra en la soya y otras salsas y condimentos, el jamón, el tocino, el pescado salado, las anchoas, el Marmita y el Bovril, así como las hojuelas de maíz. Un poco de queso parmesano rallado sustituye a la sal y añade calcio al platillo.

- El alcohol en exceso evita que el calcio sea utilizado debido al efecto que tiene en el hígado, y a menudo esto empeora con el consumo de cigarro que puede acompañar a la bebida.

Vitamina D
(colecalciferol)

Al igual que el calcio, la vitamina D estuvo al alcance del hombre primitivo en exceso, pero por una vía distinta. Entonces, como ahora, sólo obteníamos un poco de esta vitamina de la comida, pero podemos fabricarla en nuestra piel mediante una reacción fotoquímica usando los rayos ultra violeta del sol. En la región de África donde comenzó la gran aventura humana, abundaba la luz del sol y el principal peligro era el efecto tóxico del exceso de esa vitamina, el cual puede ser fatal, con síntomas como la meningitis. La piel oscura desarrolló una especie de protección contra ciertos rayos UV potencialmente nocivos.

Por otra parte, la gente que vivía en un clima más templado de las latitudes del norte, desarrolló una piel clara a fin de poder aprovechar lo mejor y más posible el efecto de los rayos ultra violeta. El brillo del sol es menos intenso cuanto más lejos se está del ecuador, pues los rayos son más horizontales y tienen que atravesar mayor cantidad de la atmósfera de la tierra, incluida su contaminación, antes de llegar a la piel de los humanos... con una pérdida de rayos ultra violeta en el camino.

Otro factor es el clima más frío del norte. Como nuestros antepasados, cubrimos la mayor parte de nuestra piel con ropa y evitamos que los rayos del sol le lleguen, en particular cuando somos mayores y más frágiles. De nuevo, las personas de mayor edad tienden a pasar la mayor parte del tiempo en interiores, particularmente si viven en casas

de retiro, protegidos de los rayos ultra violeta que son fil-
trados por los vidrios de las ventanas. Pero son los ancianos los que más necesitan los rayos del sol, ya que su piel
es menos eficiente en la fabricación de vitamina D.

Cabe señalar que ocurren más fracturas de cadera en
los meses de invierno, sin sol, que en el verano, y prevale-
cen más en el norte de Escocia que en la costa soleada del
sur.

Si bien nuestro cuerpo fue diseñado por la naturaleza
para protegernos de un exceso de vitamina D y calcio, los
habitantes de occidente corren el riesgo de recibir muy poco
de alguno, y después de los 60, ciertamente tenemos menos. El uso de los bloqueadores solares después de los 45 y
a los 50 puede dejarnos sin vitamina D, y la gente mayor
nunca debe usarlos, excepto en el Mediterráneo.

El caso de Sharon

Sharon, de 32 años de edad, literalmente llevaba su
vida de noche, pues trabajaba en un hospital privado
por las noches y para el NHS en el día. Se las arreglaba
para dormir suficiente (casi) en los periodos tranqui-
los por la noche, pero pocas veces podía salir al aire
libre. Le preocupaba mantener su figura, que era delgada, y se llenaba con grandes cantidades de bebidas
de cola, una forma segura de reducir su contenido de
calcio. Ni soñar con beber leche de ninguna clase, estaba ahorrando para pasar las vacaciones en Suiza.

Esquiar es una actividad que da cuenta de muchos huesos rotos, pero las fracturas de muñeca y el
tobillo fueron resultado de una caída muy leve. Tenía
osteoporosis, provocada por la falta de luz ultravioleta
en la piel y de calcio en su dieta. Las fracturas sanaron
pronto, pero tardará muchos meses poder restaurar la
resistencia en sus huesos.

Receta médica para la luz del sol

Una hora, 30 minutos o incluso 15 minutos diarios de exposición del rostro, el cuello y los brazos a la luz del sol probablemente son suficientes para una persona de 70 años y su necesidad de vitamina D, pues la cantidad que se produce es alrededor de un tercio de lo que habría sido a los 20 años. Podemos "asolear" nuestra piel, pero no podemos provocar la toxicidad de la vitamina D únicamente del sol; esto sólo puede ocurrir con el uso excesivo de tabletas de vitaminas o aceite de hígado de pescado.

Los rayos ultra violeta no producen colecalciferol instantáneo, pero establecen un proceso que toma de tres a cuatro días, más en las personas mayores. La vitamina se almacena en el hígado, el cual debe estar sano si queremos que cumpla su función

La vitamina D en la comida

Si bien la fuente principal de colecalciferol es la fábrica privada que tenemos en la piel, podemos obtener cierta cantidad de la dieta. Allá en el siglo XVIII, el aceite de hígado de bacalao se estableció como un remedio doméstico para los huesos débiles. Su valor como alimento nutritivo para jóvenes y viejos fue destacado por el profesor Hughes Bennett, en Edimburgo, un siglo antes, y Trousseau, en Francia, lo usó en niños con raquitismo. Sin embargo, no fue sino hasta 1931 que se logró hacer las preparaciones de vitamina pura, al mismo tiempo en Inglaterra y Alemania. Fue entonces cuando pudo medirse la cantidad en distintos alimentos.

Tabla de clasificación de la vitamina D

Aceite de hígado de pescado (en microgramos por 100 gramos)

Aceite de hígado de pez espada	25,000 (primero atrápelo)
Aceite de hígado de halibut	500-10,000
Aceite de hígado de bacalao	200-750
Aceite de hígado de tiburón	30-125

Alimentos comunes

Pescado: arenque, salmón y sardinas grandes y pequeñas	5-45
Huevo	1.25
Sólo la yema	4-10
Pasta vitaminada	2-9
Queso	0.3
Leche	0.1
Aceite de oliva	cero
Cereales, verduras y fruta	cero
Carne y pescado blanco	insignificante

Cierta cantidad de grasa es necesaria para la absorción de vitamina D, la cual se procesa en el hígado, y el residuo final se desecha en los movimientos. Su tarea fundamental es promover la absorción del calcio y el fósforo. El fosfato de calcio es la materia prima usada por los osteoblastos para construir y restaurar el tejido óseo.

Otros micronutrientes importantes

Vitamina K

Algunas personas mayores, víctimas de fractura de cadera resultaron tener insuficiencia de esta vitamina, la cual se usa en la elaboración de las proteínas óseas y para la coagulación normal de la sangre. Se encuentra en los vegetales verdes como la col rizada, espinaca, la alfalfa y también en la coliflor. No la contiene la carne ni los productos lácteos.

Vitamina C

Es necesaria para la producción de colágeno, el tejido fibroso del hueso y la piel. La falta de esta vitamina provoca escorbuto y osteoporosis, y podemos encontrarla en las frutas cítricas, la piña, el jitomate y las verduras de ensalada, y más que todo en las grosellas, en todas sus formas.

Los Bantú

Los hombres bantú del sur de África no se molestan en comer frutas ni verduras, sino que se concentran en la cerveza hecha en grandes ollas de hierro. En la edad madura, muchos de ellos sufren de siderosis (sobrecarga de hierro), escorbuto y alcoholismo... y osteoporosis.

Complejo de vitaminas B: B6, pirodoxina y B12, cobalamina

La vitamina B6 trabaja junto con la vitamina C para hacer el colágeno, el cual obtenemos de la carne, el salvado de trigo y el Marmite.

La B12 es vital para el metabolismo de todas las células de nuestro organismo, y en particular cuando la reconstrucción se está llevando a cabo. Se encuentra en los alimentos de origen animal, y en ninguno vegetal. Los vegetarianos pueden enfermar seriamente, y el dolor de espalda intratable es el resultado más probable.

Lista del calcio en los alimentos

Los productos lácteos son la clave del suministro de calcio
en el ser humano, pero si usted es lo suficientemente desa-
fortunado para tener intolerancia a lactosa, la enzima que
se necesita para digerir el azúcar de la leche, entonces debe
buscar otras fuentes, y lo mismo puede decirse si reduce de
manera drástica su ingesta de leche en la edad adulta, ya
sea porque no le gusta o porque está cuidando su peso. En
la siguiente lista se muestra el contenido de calcio de varios
alimentos comunes.

Productos lácteos

Leche (150 ml):

entera	180 mg (98 calorías)
Descremada, en polvo	195 mg (50 calorías)
Larga vida	180 mg (98 calorías)
Evaporada	420 mg (237 calorías)
Condensada descremada	570 mg (400 calorías)
De cabra	100 mg (100 calorías)

Cantidades por 100 g/ $3^1/_2$ oz:

Yogurt natural	180 mg (52 calorías)
Yogurt, bajo en grasa, c/fruta	170 mg (40 calorías)
Cascarón de huevo	130 mg (118 calorías)
Helado de leche	130 mg (150 calorías)
Crema, sola	79 mg (212 calorías)
Crema, doble	50 mg (447 calorías)
Queso (50 g/2 oz):	
Cheddar	400 mg (203 calorías)
De bola, holandés (edam)	370 mg (152 calorías)
Feta	360 mg (122 calorías)
Stilton (azul, inglés)	180 mg (230 calorías)

Danés azul	290 mg (177 calorías)
Procesado	350 mg (155 calorías)
Queso crema	49 mg (219 calorías)
Cottage	60 mg (96 calorías)
Parmesano (25 g/ 1 oz rayado)	305 mg (102 calorías)
Barra de chocolate de leche (56 g/ 2 oz)	123 mg (250 calorías)

Verduras

Cantidades por 112 g/ 4 oz, cocidas:

Espinacas	179 mg
Perejil	200 mg
Espárragos	13 mg
Betabel	40 mg

(En estos cuatro se encuentra poco calcio debido a los oxalatos).

Col rizada	150 mg
Quingmbó	220 mg
Verduras de hoja	179 mg
Col	43 mg
Judías	59 mg
Cebollines (50 g/2 oz)	70 mg

Las papas y la mayoría de los alimentos de origen vegetal contienen muy poco calcio o no se puede obtener debido a los ocalatos o los fitatos.

Nueces y semillas

Cantidades por 100 g/3¹/₂ oz:

Almendras	250 mg

Nueces de Brasil	180 mg
Nueces	60 mg
Avellanas	140 mg
Cacahuates	61 mg
Castañas	46 mg
Coco (fresco)	13 mg
Semillas de ajonjolí	670 mg

Pescado

Cantidades por 100 g/$3^1/_2$ oz:

Cornalitos, fritos (56 g/2 oz)	482 mg
Abadejo, frito	110 mg
Bacalao, cocido	80 mg
Platija, cocida	93 mg
Salmón, de lata	195 mg
Sardinas, de lata	460 mg
Sardina grande, de lata	168 mg
Atún, de lata	7 mg
Camarón, cocido	110 mg
Ostiones, crudos	190 mg

Carne

Cantidades por 100 g/$3^1/_2$ oz.

Pastel de carne	110 mg
Moussaka	88 mg
Carne de res a la parrilla	73 mg

(Pollo, pavo, pato, carne, borrego, jamón — cantidades demasiado pequeñas para ser útiles)

Huevo, uno	26 mg
Huevo, revuelto con leche	30 mg

Pan y pasteles

Cantidades por 100 g/3^1/$_2$ oz.

Pan	
Integral	23 mg
Blanco	100 mg
Malta	94 mg
Bísquets (hechos con polvo de hornear)	620 mg
Jengibre	210 mg
Bizcocho	140 mg
Pastel de frutas	60 mg
Bollo	90 mg
Bísquets de chocolate	110 mg
Galletas de agua semi dulces	120 mg
Galleta de mantequilla	97 mg

Frutas

Cantidades por 100 g/3^1/$_2$ oz.

Naranja, una, según el tamaño	40-60 mg
Frambuesas	40 mg
Fresas (contienen oxalatos)	22 mg
Zarzamoras	63 mg
Pasas	61 mg
Higos secos	280 mg

Azúcar, miel y jarabe

Sólo la melaza y la melaza negra contienen una cantidad de calcio apreciable.

Melaza (25 g/1 oz)	171 mg
Melaza negra	125 mg

Aceites, grasas y untables

Sólo la mantequilla contiene una cantidad considerable de calcio

Mantequilla (100 g/ $3^1/_2$ oz)   25 mg

Bebidas

Sólo las bebidas hechas a base de leche y cerveza contienen una cantidad apreciable.

Cerveza 300 ml   42 mg

Recomendaciones de terapia alternativa para osteoporosis

* Ortiga
* Olmo
* Cola de caballo
* Alfalfa
* Cadillo
* Salvia

* Borraja
* Prímula
* Grosella negra
* Ginseng
* Soya
* Verdura de hoja y jugo de zanahoria

No hay evidencia científica que demuestre que alguno de los remedios herbales mencionados tenga algún efecto en la osteoporosis o el riesgo de adquirirla, pero usted podría ser uno de los afortunados que se sienta mucho mejor al tomar algún remedio herbal particular. No hay probabilidades de que le hagan daño, así que, por qué no probarlos si a usted le atraen.

Minerales

Cobre, selenio, manganeso, magnesio, boro y silicón. No
hay razón para pensar que las cantidades necesarias de estas sustancias no sean fácilmente proporcionadas por una
dieta normal, vegetariana o de otro tipo, pero pueden con-
seguirse en las tiendas de alimentos naturistas en forma de
tabletas.

Índice analítico

Impreso en:
Programas Educativos, S.A. de C.V.
Calz. Chabacano No. 65 Local A
Col. Asturias 06850 - México, D.F.
Enero 2006
Empresa Certificada por el
Instituto Mexicano de Normalización
y Certificación A.C., bajo la Norma
ISO-9002: 1994/NMX-CC-004: 1995
con el Núm. de Registro RSC-048,
y bajo la Norma ISO-14001: 1996/SAA-1998,
con el Núm. de Registro RSAA-003